古典文獻研究輯刊

十四編

潘美月・杜潔祥 主編

第8冊

鄭經《東壁樓集》研究

阮筱琪 著

國家圖書館出版品預行編目資料

鄭經《東壁樓集》研究／阮筱琪 著 — 初版 — 新北市：花木
蘭文化出版社，2012〔民 101〕

目 2+138 面；19×26 公分

（古典文獻研究輯刊 十四編：第 8 冊）

ISBN：978-986-254-841-7（精裝）

1.（明）鄭經 2.傳記 3.明代詩 4.詩評

011.08 101002986

ISBN-978-986-254-841-7

9 789862 548417

古典文獻研究輯刊

十四編 第 八 冊 ISBN：978-986-254-841-7

鄭經《東壁樓集》研究

作　　者　阮筱琪
主　　編　潘美月　杜潔祥
總 編 輯　杜潔祥
企劃出版　北京大學文化資源研究中心
出　　版　花木蘭文化出版社
發 行 所　花木蘭文化出版社
發 行 人　高小娟
聯絡地址　新北市永和區中正路五九五號七樓
　　　　　電話：02-2923-1455／傳眞：02-2923-1452
網　　址　http://www.huamulan.tw 信箱 sut81518@gmail.com
印　　刷　普羅文化出版廣告事業
初　　版　2012 年 3 月
定　　價　十四編 20 冊（精裝）新台幣 31,000 元
版權所有・請勿翻印

鄭經《東壁樓集》研究

阮筱琪　著

作者簡介

阮筱琪，畢業於東吳大學中國文學研究所，現服務於國語日報。

提　　要

　　本文主要探討鄭經《東壁樓集》詩歌內容題材與寫作技巧，並剖析其創作特點。

　　首先引用明鄭史料，建構出明末動盪的時局，鄭氏與明室、清廷、三藩之間的關係；並探討鄭經的身世經歷、交遊狀況，以及當時的政治時局，以此探討其人生閱歷。

　　分析《東壁樓集》的自序，並探討成書經過，定名緣由。本文文本使用之版本，以《東壁樓集》「泉州刻本」為主，《全臺詩》為輔，分析其詩歌內容題材和寫作技巧。

　　最後，從鄭經的身世、《東壁樓集》的內容題材、寫作技巧三者交叉研究下，還原鄭經的人生態度及心境。並且歸納出《東壁樓集》的貢獻與特點，一是鄭經形象之重塑，二是記錄臺灣之風物，三是明鄭文學之代表。

　　因此，從《東壁樓集》中，不但可從中瞭解臺灣在明末清初的景況，能從中了解鄭經在經營臺灣期間的生活狀況與感情思想，更可從《東壁樓集》一書中探討臺灣早期古典詩發展，重新給予鄭經個人在歷史與臺灣古典詩史上的定位。

目
次

第一章 緒 論

第一節 研究動機與目的

近年臺灣本土意識抬頭，在政府的鼓勵及多種學術資料庫的建構出版下，臺灣文學之相關研究日益多出。然而研究方向及時代皆多以近現代文人為主，如日治時期、光復初期、當代之文學及原住民文學等。對於臺灣古典文學之研究，尚待耕耘。

西元 1624 年，荷蘭人佔領臺灣，西元 1661 年，鄭成功為了反清，以臺灣作為反清復明的基地，乃積極建設臺灣，設立官署、清查田籍、屯糧備兵，並且大陸沿海居民來臺開墾。但在大敗荷人後，鄭成功便病逝。

鄭成功逝世後，鄭經繼承父志，在陳永華輔佐下，在臺灣大興土木，建聖廟，設學校，辦科舉，開選拔人才的大門。鄭氏三代中，以鄭經經營臺灣為最久；但史料中對鄭經的記載甚少，且多是負面印象，雖然鄭經曾聯合三藩西征大陸，但最後仍以敗歸東寧收場，退居臺灣後，縱情歌酒，不問政事，過著悠閒自在生活，於隔年（1661）病逝，傳世記載，仍然不多；加上鄭成功正義不阿的形象影響，使得鄭經常在史書下不被注意，世人對鄭經的心理狀況和人生態度，亦缺乏真正且深入的認識。

香港學者朱鴻林 1994 年 12 月發表於《明史研究》第四期〈鄭經的詩集和詩歌〉〔註1〕是目前所見最早討論鄭經《東壁樓集》的文章。朱以南明史為背景，以詩集內的文章、署名、篆刻，判定《東壁樓集》作者非日本《內閣

〔註 1〕 參見朱鴻林〈鄭經的詩集和詩歌〉，《明史研究》第四集，黃山書社，民國 93 年 12 月，頁 212。

文庫漢籍分類目錄》中的「明·朱由榔」（南明桂王），而是鄭成功長子鄭經。該文考證《東壁樓集》刊於明永曆二十八年（1674），時間正是鄭經西征初捷、入駐泉州時。此本現藏於日本內閣文庫。

因爲鄭經身具軍事、政治的領導地位，其詩集利成年代，創作背景又以臺灣爲基礎，所以從《東壁樓集》中，不但可從中瞭解臺灣在明末清初的景況，能從中了解鄭經在經營臺灣期間的生活狀況與感情思想，更可從《東壁樓集》一書中探討臺灣早期古典詩發展，重新給予鄭經個人在歷史與臺灣古典詩史上的定位。

第二節　研究範圍與方法

本文研究主要探討鄭經《東壁樓集》的詩歌內容題材與寫作技巧，並剖析其創作時心理情緒之變化。研究範圍以明刻本《東壁樓集》爲主，《全臺詩》爲輔，以下分別說明本文之研究方法：

第二章「鄭經之生平」。引用明鄭史料，建構明末動盪的時局，鄭氏與明室、清廷、三藩之間的關係，並探討鄭經的身世經歷、交遊狀況，以及當時的政治時局，以此還原鄭經人生閱歷與作品之關係。

第三章「《東壁樓集》之成書與定名」。分析《東壁樓集》的自序，並探討成書經過，定名緣由。說明本文使用之版本，以泉州刻本爲主，《全臺詩》爲輔，進行研究。

第四章「《東壁樓集》之題材與內容」。即在《東壁樓集》的詩歌內容和題材方面，將鄭經《東壁樓集》中的作品分爲：「山水風情」、「江畔即景」、「海洋素描」、「征戍閨怨」、「家國情懷」、「詠史弔古」、「狀物興感」、「時歲民俗」八大類。再藉由詩歌的分析、鑑賞，探究鄭經內在的情志及思想特質。

第五章「《東壁樓集》之寫作技巧」。歸納出《東壁樓集》寫作技巧特點：包括作者喜用疊字修辭、常用僻字及孤、獨等字、好擬古用典、多選寬韻，以及詩歌中豐沛的色彩等，皆爲其特色。

第六章「結論」。從鄭經的身世、《東壁樓集》的內容題材、寫作技巧三者交叉研究下，還原鄭經的人生態度及心境。總結前面章節研究成果，歸納出《東壁樓集》的貢獻與特點，一是鄭經形象之重塑，二是記錄臺灣之風物，三是明鄭文學之代表。

第二章　鄭經之生平

第一節　時代背景

一、南明大勢

「南明」（1644～1664），指闖賊李自成攻陷北京後，明朝在南方之皇族建立的流亡政權的統稱；可粗分為上下兩期：上期為明崇禎十七年甲申（1644）崇禎帝殉國至明永曆十六年壬寅（1662）吳三桂弒永曆帝，中原朔亡；下期為明延平王鄭成功及其世子鄭經仍奉永曆正朔至明永曆三十七年癸亥（1683），為明朝延長了二十二年。

鄭經的祖父鄭芝龍（1604～1662），[註1]十八歲時曾至澳門的舅舅黃程處學習經商，之後往來東南亞各地，後追隨於日本平戶島的華僑商人李旦。李旦過世後，鄭芝龍逐漸接收勢力。

明熹宗天啓三年（1623）因日本施行鎖國政策，鄭芝龍遂於隔年（1624）與顏思齊將商業基地從日本遷到臺灣笨港（今北港附近），開拓臺南以北到嘉義附近沿海一帶地區的海事商業。

〔註1〕　鄭芝龍，又名鄭一官，號飛黃，福建泉州府南安石井鄉人，，父鄭紹祖為泉州大守葉善繼的庫吏。有弟三人：鄭芝虎、鄭鴻逵、鄭芝豹。1644 年，南明弘光皇帝冊封鄭芝龍為南安伯，福建總鎮，負責福建全省的抗清軍務。次年，鄭芝龍在福州奉明唐王朱聿鍵為帝，被冊封為南安侯，負責南明所有軍事事務，一時間權傾朝野，但實際上鄭芝龍並無匡扶明朝復國的雄心，遂與清朝接觸，並北上降清。

後荷蘭人登島，驅逐了以臺灣島爲基地的日籍海盜，鄭芝龍遂携妻子定居於大陸沿岸離島，成爲當時福建沿海實力最強大的一支武裝力量。〔註2〕

西元 1626 年，荷蘭治臺時，鄭氏海上集團已擁有船艦一百二十艘，控制廈門爲據點；1627 年增加至七百艘，次年增加至千艘，幾乎主控中國與海外貿易。

崇禎元年（1628）明王朝內亂，不得不對鄭芝龍勢力進行招安，於是鄭芝龍的軍隊不但是到明朝廷的支持，且一樣保持獨立的武力，使他主控的海上貿易，擁有了合法性。

（1）弘光政權夭折

明末時局混亂，盜寇蠭起，而以李自成、張獻忠兩部最爲猖獗。明崇禎十七年（1644）正月，李自成在西安稱帝，建國「大順」；之後大順軍攻陷北京，崇禎帝上吊自盡，明朝宗室及遺留大臣多輾轉南走。這時的天下局勢約分爲四：李自成的「大順」政權據有河北、山東、山西、河南、陝西、蘇北、皖北等地；張獻忠於八月成立的「大西」政權則據四川、湖北一帶；滿人的「大清」政權則據有東北、內蒙一帶；而「大明」的殘餘勢力則僅有江南半壁江山。

明朝殘餘勢力主要是南京的文臣武將，他們決議擁立朱姓王室的藩王，並定南都，重建明室王朝，揮師北上。但此時卻出現了「擁潞王」與「擁福王」兩派人馬，各擁其主，最後馬士英恃勢逼史可法等同意立福王朱由崧爲帝「擁潞」派敗陣。

五月十五日，福王朱由崧於南京即皇帝位，改元弘光。福王政權建立後，基本國策乃以「聯虜平寇」爲主，謀求與清軍聯合，共同消滅寇軍。

中原地區的清兵，在陝西擊破大順軍，李自成走死，弘光元年（1645）三月，清軍南下；在江南地區的福王人馬，內部正進行激烈黨爭，駐守武昌的左良玉部隊於三月順江東下，馬士英急調江北四鎮迎擊左軍，致使江淮防線陷入空虛。

〔註2〕天啓五年（1625），鄭芝龍以仁、義、禮、智、信爲名的五大流通體系，將海上霸權擴及明朝時內陸的浙江、江蘇、江西、安徽、湖南、湖北、河南、山西、陝西、河北、甘肅等地，同時商船團以金、木、水、火、土五大船團行駛於中國、日本、朝鮮、琉球、臺灣、菲律賓、中南半島諸國，且依船隻大小收取令旗費（海上保險費），曾創造年收入高達四百萬兩黃金的龐大事業。

史可法被排擠出南京到揚州督師後，無法做出有效抗清的布陣，所以清軍攻破徐州，渡過淮河，兵臨揚州城下。四月二十五日，揚州城陷，史可法殉國，清軍隨即渡過長江，克鎮江。福王出奔蕪湖。五月十五日，大臣趙之龍等投降；二十二日朱由崧被擄，送往北京處死；明福王建立的弘光政權僅一年即覆滅。

南京失陷後，又有杭州的潞王朱常淓、應天的威宗太子王之明、撫州的益王朱慈炱、福州的唐王朱聿鍵、紹興的魯王朱以海、桂林的靖江王朱亨嘉等政權先後建立，其中以魯、唐二王政權較有實力。

這時清朝宣佈了「薙髮令」，於是在江南一帶興起了反薙髮的抗清鬥爭，正好清軍後方發生動亂，所以一時無力繼續南進。但南明內部嚴重的黨派鬥爭與地方勢力跋扈自雄，魯、唐二王政權不但沒有利用有利形勢積極抗清，反而為了爭取權位內鬥。

唐王隆武二年（1646），清軍再度南下時，魯王賴張煌言等保護下逃亡，在沿海一帶繼續抗清，唐王則被清軍俘殺。

（2）永曆政權覆滅

十一月，在廣州和肇慶又成立了兩個南明政權：唐王弟朱聿鐭稱帝於廣州，改元紹武；桂王朱由榔稱帝於肇慶，改元永曆。但是這兩個政權亦相互攻伐而大動干戈，紹武政權僅存在四十天就被清軍消滅，而揭陽的益王朱由榛、夔州的楚王朱容藩稱監國與桂王爭立，桂王在清軍進逼下逃入廣西。

當南明政權一個接一個的覆亡，形勢萬分危急之際，大順軍餘羽這時分為二支，分別由郝搖旗、劉體純和李過、高一功率領，先後進入湖南，與明湖廣總督何騰蛟、湖北巡撫堵胤錫聯合抗清。

郝搖旗部護衛逃來廣西的桂王居柳州，並出擊桂林，作為抗清鬥爭最前線，挽救了明室頹勢。年底大敗清軍於全州，進入湖南。次年，大順軍餘部又同何騰蛟、瞿式耜的部隊一起，在湖南連連取得勝利，幾乎收復了湖南全境。此時，廣東、四川等地的抗清鬥爭再起，在江西的降清將領金聲桓和在廣州的降清將領李成棟先後反正，抗清力量也發動了廣泛的攻勢。一時間，桂王政權控制的區域擴大到了雲南、貴州、廣東、廣西、湖南、江西、四川七省，出現了南明時期第一次抗清鬥爭的高潮。

但桂王政權內部各派政治勢力互相攻訐，大順軍也倍受排擠打擊，不能團結對敵，如此一來，便給了清軍以喘息之機，1649 年至 1650 年間，何騰蛟、

瞿式耜先後在湘潭、桂林的戰役中被俘犧牲，清軍重新占領湖南、廣西，其他剛剛收復的失地也相繼丟掉了。不久，李過病亡，其子李來亨同其他大順軍將領率部脫離南明政府，轉移到巴東荊襄地區組成夔東十三家軍，獨立抗清。這支部隊一直堅持到永曆十八年（1664）。

綜觀 1645 至 1651 年間，南明軍與清軍作戰中，敗多勝少，大批南明的軍隊先後降清，丟失了江蘇、安徽、浙江、江西、福建、兩廣、兩湖等領地，直到以孫可望為主的大西軍加入，再次改變了整個局勢。

孫可望為張獻忠部將，在張獻忠死後繼續領導大西軍。大西軍自 1647 年進占雲南、貴州二省，經營、整頓後，成為後來南明軍的後方基地。永曆六年（1652），走投無路的南明桂王接受孫可望、李定國聯合抗清建議，在貴州安隆投靠了大西軍。於是大西軍成了南明軍，還整編了南明殘存的武裝部隊和清軍對抗。

這年，南明軍對清軍展開了全面反擊，李定國率軍八萬東出廣西，下桂林，又攻入湖南、廣東，同時，劉文秀亦出擊四川，克復川南。東南沿海的張煌言等抗清軍隊也發動攻勢，並接受了永曆封號。抗清鬥爭再次出現高潮。不幸的是，劉文秀於四川用兵失利，為吳三桂所敗；而孫可望妒嫉李定國桂林、衡州大捷之功，逼走李定國反倒丟失了四川、湖南。之後李定國與鄭成功聯絡，計畫與鄭成功軍會師，收復粵、閩、浙、蘇等省。李於永曆七年（1653）、永曆八年（1654）兩度進軍廣東，與鄭成功於廣州聯合，欲一舉收復廣東，但鄭軍屢誤約期，加上瘟疫流行，此舉無疾而終。

永曆十年（1656），孫可望密謀篡位，引發了南明內部一場內鬨。李定國擁桂王至雲南，次年大敗孫可望；孫可望勢窮降清，之後盡供清廷西南軍事情報。

永曆十二年（1658）四月，清軍主力從湖南、四川、廣西三路進攻貴州，年底吳三桂攻入雲南。永曆十三年（1659）正月，下昆明，進入雲南，桂王狼狽西奔，進入緬甸。李定國率全軍設伏於磨盤山，企圖一舉殲滅敵人追兵，結果因內奸洩密失敗，南明軍精銳損失殆盡。這時在金、廈的鄭成功，乘清軍主力大舉攻擊西南之際，率領十餘萬大軍北伐，克舟山、崇明、瓜州、鎮江等，直逼南京，仍不敵清軍，損兵折將，敗退廈門。永曆十五年（1661），吳三桂率清軍入緬，索求桂王，緬甸國王執桂王交予清軍。次年（1662）四月，桂王與其子等被吳三桂縊殺，南明最後一個政權覆亡。

二、明鄭時代

　　明鄭時代即臺灣明鄭時期，係指永曆十五年（1661）鄭成功攻臺占據赤崁城，至永曆三十七年（1683）鄭克塽降清為止，此期間統治臺灣的漢人政權。

　　該政權係由明鄭延平郡王鄭成功所建立，在臺歷經鄭成功、鄭經及鄭克塽等三世。後人亦稱「延平王國」〔註3〕、「東寧王國」。〔註4〕明鄭時期亦為臺灣歷史上第一個漢人政權，建都東都明京（後改為東寧，即今臺南市所在之地）。雖奉明朝正朔，也就是「永曆」年號，但實際上獨立行政，成為反清復明的基地。永曆十六年（1662）吳三桂弒桂王，此舉之歷史意義在宣告南明政權結束，但鄭氏三代依舊在臺灣奉明朔，使用「永曆」年號至永曆三十七年降清為止；其間以「反清復明」為宿願，以「海外孤臣」自稱，一直保持流亡政權的姿態。

　　鄭成功受南明唐王隆武帝賜姓明朝國姓「朱」，並封忠孝伯，二十二歲（1646）時即任隆武帝御營中軍都督。隆武二年（1646），清軍攻克福建，隆武帝遇害，在降清的大學士洪承疇招撫下，鄭成功的父親鄭芝龍認為明朝氣數已盡、即使傾一己之力亦無法跟清廷相抗，因而不顧鄭成功的反對，隻身北上，向清朝朝廷談判投降事宜。不料清軍主帥博洛背約挾持鄭芝龍前往北京，並派兵攻打福建泉州。

　　崇禎十七年（1644）李自成攻陷中國北京，滿人又擊敗李自成，並在北京建立清朝，統治中國的明朝自此正式滅亡。明朝部分遺臣在南方，先後擁立幾位宗室為王，組織流亡政府，繼續抗清，鄭成功亦是南明抗清的主力之一，並於中國福建一帶活動，在鄭芝龍投降清朝被殺後，鄭成功領導南明鄭軍勢力，並繼續從事抵抗清朝軍事活動。惟永曆十二至十三年（1658～1659）出兵南京失敗後，決定轉進荷蘭東印度公司所統治的臺灣。

〔註3〕　詳見尹章義：〈延平王國的性質及其在國史上的地位〉《歷史月刊》，民國91年6月第173卷），頁37～44。

〔註4〕　此稱出自李筱峰、劉峰松：《臺灣歷史閱覽》（臺北：自立晚報，1999年，頁67）。「撤退到臺灣的鄭經將東都改為『東寧』，天興、萬年二縣，升為『州』，他自稱為『東寧國主』，西洋人稱之為 King of Tyawan。他在答復清廷大臣明珠的信中，自稱『東寧建國』……鄭經儼然建國於臺灣了……。」但這段文字中有幾處問題：一、「鄭經自稱東寧國主」並無來源，不知出於何處。二、鄭經致明珠的信，寫的是「建國東寧」，而非「東寧建國」。且根據清人鄭亦鄒所著《鄭成功傳》，鄭經在同時間致閩浙總督李率泰的信中寫道：「至於厚爵重祿，永世襲封，海外孤臣無心於此。」以明朝孤臣自稱。

　　永曆元年（1647）鄭成功在南澳起兵反清，自稱「忠孝伯招討大將軍罪臣國姓」，後漸漸整合鄭家的海上貿易勢力與武裝集團。永曆三年（1649）改奉南明永曆年號，永曆帝封之爲「延平郡王」。

　　永曆三年至四年（1649〜1650），鄭成功在閩南小盈嶺、海澄等地取得三次重要的勝利，殲滅駐閩清軍主力，後揮師北取浙江舟山，南破廣東揭陽。永曆九年（1655），清軍派兵約三萬入閩，會同駐閩清軍，進攻鄭軍。鄭成功利用清軍不善水戰的弱點，次年四月將其水師殲滅於廈門圍頭海域。在起義後的十六年間，鄭成功據地在現今小金門和廈門一帶的小島，完全控制海權，鄭成功一方面深入內陸廣設商業據點，開闢貨源以和外國人貿易來累積資金；一方面以此募兵（包含日本人等外籍傭兵）及進口盔甲、銃砲、刀劍等武器來籌備軍力，又以內陸的商業據點，發展情報組織，其間曾經幾次起兵，也和清廷議和以爭取時間恢復兵力。此時，降清的鄭芝龍在清廷的要求下多次寫信給鄭成功招降，清帝亦曾下詔冊封鄭成功爲靖海將軍海澄公，鄭成功仍堅辭不受。

　　永曆十二年（1658），鄭成功統率水陸軍十七萬北伐，次年入長江，克鎮江，圍南京，後又敗於清軍總兵梁化鳳，損兵折將，敗退廈門。十三年（1659），在福建海門港殲滅清將達素所率水師四萬餘人，軍威復振。

　　永曆十五年（1661）清康熙帝即位，鄭氏降將黃梧向清廷建議「滅賊五策」，內容包括制定自山東至廣東沿海二十里的遷界令，斷絕鄭成功的經貿財源，並毀沿海船隻，命令寸板不許下水。

　　由於清政府的新策略，鄭成功及其軍隊，財務嚴重惡化，不得不放棄以近岸離島爲基地、騷擾東南沿海的軍事策略，轉而進攻荷蘭人所統治的大員地區（今臺灣南部），作爲新的基地。

　　同年三月二十三日，鄭成功親率將士二萬五千、戰船數百艘，自金門料羅灣出發，經澎湖，後在鹿耳門及禾寮港登陸。先以優勢兵力，奪取荷軍防守薄弱的普羅民遮城 （Provinta，今臺南赤崁樓），繼又對防禦堅固的首府熱蘭遮城（Fort Zeelandia，今臺南市安平古堡）長期圍困荷軍。

　　鄭成功親率大軍，對防禦堅固的荷蘭首府熱蘭遮城不斷猛攻，經派楊朝棟招降揆一（Frederik Coyett，荷在臺長官）無效後，即調集火砲朝城堡擊轟。不過，鄭軍從大員市鎮朝城堡進攻時，卻遭荷軍居高臨下擊退，之後鄭軍即採長期圍困策略，同時將多數部隊派往各地屯墾，以解決糧食不足的問題。

　　五月二十八日，荷蘭東印度公司得知臺灣戰況後，決定派七百人、戰艦十艘赴臺助陣。之後雙方稍有接觸，但均無較大戰事，至閏七月二十三日，鄭荷二軍再度海戰，鄭軍擊毀荷艦二艘、俘小艇三艘、殺敵百餘人，其餘荷艦逃往遠海。

　　十月，荷軍發動最後一次還擊，但仍寡不敵眾；之後又有德籍傭兵逃亡向鄭成功說明堡內荷軍士氣低落，並指出欲取熱蘭遮城，必先取其衛星碉堡烏特勒支碉堡（位在今安平第一公墓），則可居高臨下，砲擊熱蘭遮城最脆弱的四角附城，鄭成功遂於十二月著手準備攻城計畫。

　　十二月初，鄭軍於南鯤鯓發動總攻擊，當日即發出兩千五百發砲彈，其中一千七百發左右打向烏特勒支碉堡，幾乎將之夷為平地，荷蘭守軍被迫自行炸毀碉堡殘餘部分後撤退。此役徹底瓦解了熱蘭遮城內守軍的士氣，兩天後大員評議會決定議和談判。

　　經過九個月的苦戰，鄭成功終於打敗荷軍，迫使揆一於永曆十六年（1662）簽字締和投降，撤離臺灣。鄭成功擁有現在臺灣南部以及一部份東部的土地，於是祭告山川，頒屯墾令，設「承天府」，改臺南為「東都」，以示候明永曆帝東來之意，並極力爭取明朝遺臣效忠，抗清朝於海外。鄭成功在臺灣成立了第一個漢人政權。

　　不幸，因當時臺灣地區衛生條件不好，鄭成功感染時疫，於永曆十六年（1662）病逝，享年三十九歲。原葬臺南洲仔尾，後遷葬南安祖墓。

　　鄭成功的兒子鄭經，繼續經營臺灣，並改東都為東寧，依陳永華（1633～1680）之議，承襲明朝中央官制，仍奉明永曆帝之正朔。後因降將施琅師法鄭成功當年進攻荷蘭人故技，攻占澎湖島，鄭經之子鄭克塽於永曆三十七年（1683）降清。

　　為免臺灣民眾起反抗之心，鄭氏在臺諸墳悉數遭清王朝掘起遷葬中國內陸。康熙二十二年（1684）四月，臺灣正式納入大清帝國版圖，隸屬福建省，設臺灣府，轄臺灣縣，鳳山縣與諸羅縣。總計鄭氏政權（明鄭）在臺灣雖只有短短二十幾年，然為明室保存了一脈氣息。

第二節　行迹生平

　　鄭經（1642～1681），乳名錦，字式天，號賢之，亦作元之；崇禎十五年

壬午（1642）十月初二日出生於福建泉州之安平（今安海），十七歲時隨父北征，後戍守金門、廈門一帶。娶尚書唐顯悅長子之女爲妻，但與妻子感情不睦，故鄭經「多外蓄，惑於嬖妾」，後與四弟的乳母陳氏昭娘私通，[註5]在永曆十六年（1662）生下一子（鄭克壓），並稟告鄭成功爲侍妾所生，鄭成功聽聞大喜，以爲長孫出生，準備賞賜文武諸官；但鄭經元配的祖父唐顯悅心生不滿，即上書鄭成功曰：

> 三父八母，乳母亦居其一，令郎狎而生子，不聞斥責，反加齋賞。
>
> 此治家不正，安治國乎？[註6]

鄭成功頓時氣塞胸膛，立刻命黃昱持令箭與戶官鄭泰到廈門以「治家不嚴」監斬鄭經母親董氏，並鄭經與乳母陳昭娘和所生之孫一併處死。

> 成功既治家嚴刻，長子經居島，頗耽聲色，狎老女，與乳媼通，生
> 子；以聞，成功大怒，令黃昱、洪有鼎至島，諭鄭泰監殺經及經母
> 董，以教兒不謹也。[註7]

當時在廈門的黃廷、洪旭、陳輝、王秀奇等諸將，接令皆駭然，所以僅殺陳昭娘交代復命，鄭成功對於諸將抗命感到氣憤難消，再度下令在南澳的周全斌執行，務必斬世子鄭經，在廈門的諸將不但不遵命監斬，反將周全斌拘禁，鄭成功聞諸將拒命大怒。

永曆十五年（1661）十二月，在緬甸的明永曆帝被吳三桂逮捕，並在永

[註5] 見江日昇《臺灣外誌》，（齊魯書社，2004年，卷11，頁169）記鄭經偷情一事：「經自監守各島，仁慈儉恤，謙恭愛人；雖好學善射，但嚴毅果敢弗如厥父之風也。經聘尚書唐顯悦長子之女爲妻，端莊靜正而不相得，故外多蓄狡童、騷婦爲樂。時經四弟之乳母陳氏，年可二十六七歲，雙眉如遠山淡掃，不施粉黛，光彩可人；且窈窕輕佻，語言丰韻。經見之，魂銷天外。然其母董氏家規嚴肅，未由接語。一日，經入內候母安，適從陳氏臥旁過。陳氏初起未粧，撥朦朧眼，嬌聲曰：『孝哉人子！』經遂停足窗外，曰：『好似睡起海棠初拭目、醉餘楊柳不勝衣。』陳氏嬌語答曰：『未逢恩寵先流盼，恐惹夢魂濕泪斑。』經逼近門首，以手招曰：『人眾非言語所。下午偷空到書院一話，何如？』經請其母安出，廣稠之際，惟相視以目，傳情而已。是日，經心不能主，如痴如醉。陳氏亦沾泥柳絮，欲逐春風，遂素服淡粧，下午託抱弟從眾於中堂，作匿影藏形之戲，互相躲避，各展其巧。陳氏乘便脫空至經處，經屏左右候之，急摟陳氏於懷，撫其背曰：『眞可餐也！』藏於寶帳，共赴高唐之夢，恐人覺之急去。後愈狎昵，恍如佳偶；惟瞞成功一人而已。」

[註6] 見江日昇：《臺灣外誌》，（齊魯書社，2004年），卷14，頁210。

[註7] 見臺灣銀行經濟研究室編：《鄭成功傳》，（臺北：臺灣銀行經濟研究室，《臺灣文獻叢刊》1958年），第403種，頁11。

曆十六年（1662）死於其手，明朝的正統就此斷絕。是年四月，明遺臣林英來到臺灣告知鄭成功此事；鄭成功在家事與國事雙重刺激下，極爲失望激憤，加上身已染疾，遂於五月病逝承天府。〔註8〕

鄭成功病逝後，提督馬信及諸鎭將黃昭，商議使鄭成功之弟鄭襲（1640～？）護理「招討大將軍」印，並密謀自立。但鄭成功舊將蔡政看穿此謀，便帶著鄭成功的遺袍，前往廈門報喪；於是鄭經依禮成服，發喪嗣位，以周全斌爲五軍都督，陳永華爲諮議將軍、馮錫範爲侍衛，自稱「招討大將軍世子」舉兵前來臺灣「弭平」奪位之爭。

鄭經與鄭襲叔姪二人，爲了繼位問題內鬥內耗，導致永曆十七年（1663）時，清朝與荷蘭聯手進攻金門、廈門，金廈兩島俱陷，鄭經於明永曆十八年（1664）二月自澎湖退守臺灣伺機反攻。

鄭經在陳永華的輔政下，將「東都」改爲「東寧」，在臺灣建立東寧王國，跟隨著鄭成功的腳步，在東寧大通商貿，蓋孔廟、興學校，一時東寧境內大治。鄭經也曾和清朝展開幾次談判，但因堅持採取朝鮮的事例，「不削髮」亦「不入貢」，故均未議和。

永曆二十七年（1673），三藩事發。次年五月，鄭經受耿精忠請援，調遣兵萬人、船百餘艘先行至廈門，再西渡福建。耿精忠見鄭經的軍容不似鄭成功時代之壯盛，一開始甚爲輕視；但鄭經卻接連收回廈門後，陸續並收漳州、泉州與潮州三府，再攻下廣東惠州。鄭經請耿精忠如約撥船及安插兵士，但耿精忠不答，雙方開始交惡；後耿精忠降清，雲南平西王吳三桂亦已過世，三藩勢力消退，鄭經之勢力亦不能久持，僅能守住廈門。

永曆三十四年（1680）清將萬正色遣人遊說鄭軍水師副總督朱天貴（原爲耿精忠部將），朱率艦三百艘、將士二萬餘人降清，使鄭經不得不放棄廈門，敗陣撤返臺灣，等於宣告這次西征的失利。

返臺之後，鄭經便心灰意冷，將政事囑其子鄭克𡐛理，並託人輔佐；自己則不理朝事，放情歌酒，後於永曆三十五年（1681）病逝，享年四十歲。

鄭經的一生在史家筆下似是毀多於譽，但就他在世四十載的作爲來看，其實是值得稱許的。他委政無爲，把軍政大權全託付於妥當人物的手中，而

〔註8〕　有關鄭成功的死因，諸書多有記載，未遑枚舉，可參考楊雲萍《南明研究與臺灣文化》（臺北：臺灣風物雜誌社，1993年10月初版），卷四，頁399～424，〈鄭成功之歿〉一文。

寵佞小人則只負責陪著他玩樂，因此鄭經並沒有使萎靡情志影響到政治與軍事上，同時也難否定其推誠待人，有寬厚君主之風，因此頗得士民之心，所以東寧之政仍然安定有序。〔註9〕

　　綜觀鄭經一生，多半處於兵馬征戰中，茲將其生平略分為四個時期，分別以四件大事概括其四十載的生平：

一、繼位之爭

　　明永曆十六年（1662）五月八日，延平郡王鄭成功歿於臺灣。是時，鄭經正駐守廈門、金門諸島；鄭成功末弟鄭襲當時在臺灣，負責護理鄭成功大將軍印，鄭襲的心腹黃昭、蕭拱宸等，卻密謀奉鄭襲為東都主，打算推拱鄭襲繼鄭成功之位，但鄭成功尚有長子鄭經，鄭經才是合理繼承者，黃、蕭二人便利用鄭經曾與乳母陳氏私通的事件，摧毀鄭經在父親和世人面前的形像。

> 黃昭到蕭拱宸營中，對拱宸曰：「島中世子可治兵以拒父，臺灣獨不可承兄以繼統乎？」拱宸曰：「此亦公論。世子行既不正，護理仁慈，承繼大統，名正言順。」遂合謀。次早，密報襲。襲與曹從龍、蔡雲、李應清、張驥商議。從龍曰：「可假藩主遺言，數世子罪狀，命弟繼統，方可以服眾」。襲曰：「此計誠妙！你可速書遺意，付昭等行事。」襲即假成功遺言，出告四方。黃昭、蕭拱宸即扶襲為東都主，分兵拒經。（《臺灣外誌》卷 12，頁 181。）

黃昭與蕭拱宸假傳鄭成功遺命，扶立鄭襲繼位為東都主，打算對抗人在廈門的世子鄭經。鄭經亦在廈門帶領一班從未到過臺灣的將士們（僅有周全斌到過臺灣），來到臺灣，背水一戰，打算拿回繼位權：

> 十七早大霧蔽天，對面不見。全斌急請經治兵登岸。經曰：「如此霧，安可進兵？」斌曰：「此皇天默祐、先王神靈，故有此霧。黃昭機智勇略，提防必周，沿邊設炮，半渡而擊，安能登岸？今乘此霧，盡將隊伍分散而上，昭不及防。沈舟背水，此其時也。」經從之，因誓師曰：「今日諸將登岸背水一戰，誓無生還。」遂統兵銜枚而上。經立陣甫定，黃昭聞水聲人語，首先督眾奮勇而前，連砍數十，經

〔註9〕 見黃典權：《鄭延平開府臺灣人物誌・自序》，（臺南：海東山房，民國 47 年 2月出版），頁 4～5。

眾大潰。適全斌至，大呼曰：「後面是水，大丈夫寧可死於戰，不可死於水。吾已將船棄擲，可速從吾前往！」全斌奪先破殺。諸軍聞之，悉反助戰，喊聲震天。黃昭身中流矢死，軍士無主，大亂。而霧遂消，天明日朗，已亭午矣。全斌疾呼：「世藩已到，黃昭已死，諸將速倒戈！」黃安向前曰：「此子，吾主之子，當往迎之！」經免盔相示，諸將悉解甲投戈，經撫慰之。全斌曰：「且漫慰問，急據大營，俟斌親收蕭賊。」經是之。全斌率諸將士敵拱宸。宸出敵，全斌高叫曰：「罪在蕭賊一人，與爾諸將士無干。悉解散，無得助虐！」宸軍聞之，果各星散，拱宸被擒。經令鄭斌請襲，襲至，相抱而哭曰：「幾為奸人離間！」待襲如初。即收蔡雲、張驥、李應清、曹從龍等，同蕭拱宸斬首示眾。其餘不問，眾大悅服。經既靖內難，遂各安插。於黃昭營中，搜出伯泰交通書數封，悉係囑其扶襲拒經，金、廈他自為之。經藏而人毋知焉。仍以鄭省英為承天知府。（《臺灣外誌》卷 12，頁 188）

此戰可見鄭經的政爭手段：在軍事上，不但比鄭襲占了上風，在心理方面也十分洞悉對手心態。

　　鄭經在確定對方主將黃昭已死之後，立刻對鄭襲屬下諸將士曉以大義，指自己是「世藩」，此役乃師出有名，接著說，這次密謀全在蕭拱宸之錯，與臺灣諸將士均無干係，只要解散不鬥，均可相安無事。這心理層面的喊話果然動搖了人心。而鄭經對於這次爭位事件的主角鄭襲，完全不予追究，反而是抱著鄭襲，哭著為叔叔解釋是被「奸人離間」，之後待鄭襲如初無異。另將蔡雲、張驥、李應清、曹從龍等一同與蕭拱宸密謀的諸將，斬首示眾，其餘部眾皆不罰。這種類似殺雞儆猴的手段，十分高明。鄭經「靖內難」並安插妥當後，又率周全斌、陳永華、馮錫範等大隊舟師返回廈門，誘殺密謀立鄭襲的伯父鄭泰。而這次「內難」，也讓鄭經順利的繼承父親鄭成功的位置，成為新一代的領導。

　　不過，在這次奪位爭權的內鬥中，讓清廷享了漁翁之利，清廷與荷蘭艦隊聯手，攻打金門與廈門兩島。鄭經不敵清荷聯軍攻擊，又因鄭軍缺乏軍糧，將領士兵叛離者不少，於是金、廈失守。鄭經收集餘眾退守銅山，於永曆十八年（1664）三月，鄭經同馮錫範、陳永華等又收捨殘兵回臺，自此，大陸沿海的鄭軍勢力崩解。

二、東寧建國

　　鄭經在永曆十八年（1664）三月，從銅山退守臺灣後，積極經營建設臺灣，以作為反清復國的根據地，等待時機準備進征大陸。但是金、廈失守，臺灣內部對鄭經並不信任，加上缺乏軍糧導致人心不穩。因此鄭經極力發展生產，先是分配諸鎮荒地，並繼續鄭成功的政策推行屯田制度；又在承天府起蓋房屋，安插諸宗室鄉紳，並改「東都」為「東寧」，升天興、萬年二縣為州。〔註10〕

> 有永華、錫範等及經還臺。大小庶事，悉委永華。永華為政，頗雜儒雅，與民休息。改東都為東寧，實天興、萬年二州。頗分諸將土地。修塗（茇）裳，度曲徵歌，視無西意。〔註11〕

　　永曆十九年（1665），鄭經以諮議參軍陳永華為勇衛，總督承天府，並且兼理地方政務。

　　陳永華竭力輔佐鄭經，在民生方面，親自訪歷臺地南北二路各社，開墾各社諸鎮、栽種五穀，教民插蔗煮糖，興販禁賭，伐木燒瓦，起蓋廬舍，一同與民休息，並設鹽灘曬鹽，餘裕的鹽產則課之官用，東寧一時衣食日豐，百姓亦稱殷足，社會日趨安定。

　　在教育方面，鄭成功復臺之初，制度剛建立，百政待興，以「休兵息民」為急務，未顧及學校之興設；雖有義學之推展，但又以採用屯田制度。期間，還與原先住民發生利害衝突，致使教育無法推展。

　　永曆十九年（1665），陳永華向鄭經建議「當速建聖廟，立學校」，〔註12〕鄭經先以「荒服新創，不但地方侷促，而且人民稀少，姑暫待之將來。」〔註13〕但鄭經並未立即推展，陳永華再陳，若能培養人才，假以時日，則可與中原抗衡：

〔註10〕明永曆十五年（1661）鄭成功由鹿耳門攻占普羅民遮城，是年十二月十三日驅逐荷蘭人出境。在臺灣置一府二縣，以赤嵌曰承天府（今臺南赤嵌樓一帶），下置天興、萬年二縣，「臺員」改安平鎮。永曆十六年（1662）成功病逝，長子鄭經嗣位，改東都為東寧，升天興、萬年二縣為州，天興縣設於佳里興（今臺南縣佳里鎮），萬年縣則設於二贊行（今臺南縣仁德鄉二行村）。以新港溪為二縣分界，迤南至瑯嶠（今屏東縣恆春鎮）悉屬萬年縣。迤北以達雞籠（今基隆市），歸天興縣。

〔註11〕見臺灣銀行經濟研究室編：《鄭成功傳》，（臺北：臺灣銀行經濟研究室，《臺灣文獻叢刊》1958年）。第403種。頁12。

〔註12〕見江日昇：《臺灣外誌》，（齊魯書社，2004年），卷13，頁199。

〔註13〕同上註。

昔成湯以百里而王、文王以七十里而興，豈關地方廣闊？實在國君好
賢，能求人材以相佐理耳。今臺灣沃野數千里，遠濱海外，且其俗醇；
使國君能舉賢以助理，則十年生長、十年教養、十年成聚，三十年眞
可與中原相甲乙。何愁侷促稀少哉？今旣足食，則當教之。使逸居無
教，何異禽獸？須擇地建立聖廟、設學校，以收人材。庶國有賢士，
邦本自固；而世運日昌矣……。（《臺灣外誌》卷13，頁199）

於是，鄭經令陳永華，在承天府卓仔埔（今臺南市）興建孔廟，並於旁建明
倫堂。永曆二十年（1666）春正月，孔廟告成，臺灣文運由是而開啓。

　　同年三月，鄭經又創學院，命陳永華爲主持人，以禮官葉亨維國子助教；
又命令各里社廣設學校，延聘中土通儒，以教子弟。並規定凡民年及八歲需
入小學，課以經史文章。又依照歲科之例，考選學生；經州試合格者移府，
府試合格者送院，試以策論；院試又合格者准其入學院。此外，尙按月考核，
月課，給廩膳。而大學院三年中式者，得封補爲六官內主事，由此可擢用遷
陞。至於歲科則天興、萬年二州每年一試，院試三年一度，教育與求知之風
漸起。

　　當時，明太僕沈光文（1612～1688）流寓臺灣，居羅漢門（今高雄縣內
門鄉），其他避地縉紳如都察院右都御史徐孚遠、兵部侍郎王忠孝、太常寺政
卿辜朝薦、右都御史郭貞一、光祿寺正卿諸葛倬、龍溪舉人李茂春……等，
多屬鴻儒博學，滿腹經綸，或曾講學於東寧，或結社吟詩，使臺地學風漸臻
興盛之境。

　　陳永華之努力經營，使東寧教化勃興、人文鼎盛。雖然兩岸仍處於緊張
的對峙關係，但東寧臺地吟詠著作並未中絕，臺灣早期文獻賴以保存者不少。
此時臺灣是無戰事的承平時代。《鄭成功傳》云：

故此十年間爲清、鄭息爭時代。當是時，地不過孤島，眾不過二萬，
經任陳永華爲政，頗雜儒雅，務與民休息，兵力亦漸充實。又以諸
將之易叛也，分之土地，奮以忠義，天南無雲，海濱不波，花滿昔
時之壘，人習故國之俗，自此生養教訓，以迄於明永曆之二十七年。

〔註14〕

在經濟方面，鄭經基本上都貫徹了父親鄭成功「寓兵於農」的策略，也是諸

〔註14〕見臺灣銀行經濟研究室編：《鄭成功傳》，（臺北：臺灣銀行經濟研究室，《臺
　　　　灣文獻叢刊》1958年）。第403種。頁44。

將士平日分散各耕地,按鎮分地、按地開墾。這種具有營盤田、文武官田的土地私有制,於定則徵賦的經濟模式下,大量提供經濟產能。

為了軍需民食,當時臺灣農產重心由糖轉米,這個農業經濟的性格轉變直至今日仍影響臺灣。

陳永華亦引進同安製鹽法至臺灣,發展鹽業經濟;另外尚有鹿皮、鹿角、鹿脯等土產外銷,因此原住民團體的捕鹿業也是早期臺灣的重要經濟產業活動。種種的經濟建設,使得東寧境內富足安康。

在政治方面,鄭經採陳永華之議,建立完整的中央政府體制,行使及於全島的主權力量,體制層次分明,宛然一獨立國家,英國東印度公司曾與鄭氏政權簽訂通商條約,當時英國人直稱其為「臺灣王國」或「福爾摩莎王國」。某程度也維持了臺灣的經貿熱絡,當時東寧境內經濟民生豐衣足食,《東壁樓集》中有〈題東寧勝境〉一詩:

> 定鼎寧都大海東,千山百壑遠橫空。芳林迴出青雲外,綠水長流碧
> 澗中。兩岸人煙迎曉日,滿江漁棹乘朝風。曾聞先聖為難語,漢國
> 衣冠萬古同。〔註15〕

而在西方大陸的清廷,此期間亦對鄭經有數次招撫之舉,永曆二十一年(1667),清曾派遣總兵孔元章至東寧招撫,鄭經以「焉可墮先王之志」〔註16〕應之,請回了議和使者。

永曆二十三年(1669),清廷刑部尚書明珠、兵部侍郎蔡毓榮入閩,與耿繼茂、總督祖澤沛齊集泉州府,共同商議招撫東寧一事,最後決議由興化知府慕天顏、連同都督僉事季佺攜詔書,前往東寧招撫。

二使來到東寧,雖受鄭經禮遇,但鄭經卻不肯接詔。〔註17〕之後,鄭經

〔註15〕見《東壁樓集》卷三,《全臺詩》頁127。

〔註16〕見江日昇:《臺灣外誌》,(齊魯書社,2004年),卷15,頁217。

〔註17〕鄭經不肯接二使詔書,但僅開明珠書,內曰:「嘗聞安民之謂仁,識時之謂智。古來豪傑,知天命之有歸,信殃民之無益,決策不疑,委身天闕;慶衍黎庶,澤流子孫。名垂青史,常為美談。閣下通時達變,為世豪傑,比肩前哲,若易易耳。而姓名不通於上國、封爵不出於天朝,浮沈海外,聊且一時,不令有識之士為惋惜耶?今幸聖天子一旦惻然,念海濱之民瘡痍未復,其有去鄉離井,逋流海嶼,近者十餘年、遠者二十餘載,骨肉多殘,生死茫然。以為均在覆載之中,孰非光復之責?稅車閩甸,會同靖藩、督、撫、提宣諭宸衷,禮當先之以信,尚遣太常寺卿慕天顏、都督僉事季佺等聞於左右。閣下桑梓之地,無論聖天子痌瘝至意,所當仰體不遑;即閣之黃童白叟,大都閣下之父老子弟,而忍令其長相離散耶?況我國家與人以

大會文武諸臣，一同與二使會議。鄭經希望能不興戰事，以免生靈塗炭，並「照朝鮮事例，不削髮、稱臣納貢」，﹝註18﹞因鄭經的堅持，兩造各持意見，和議不成，鄭經便令禮官葉亨、刑官柯平二人送交復明珠書，表明心志：

> 蓋聞麟鳳之姿，非藩樊所能圍；英雄之規，非遊說所能惑。但屬生民之主，宜以覆載為心，使跂行喙息，咸潤其澤。匹夫匹婦，有不安其生者，君子恥之。項自遷界以來，五省流離，萬里坵墟，是以不穀不憚遠隱，建國東寧，庶幾寢兵息民，相安無事。而貴朝尚未忘情，以致海濱之民流亡失所，心竊憾之。閣下銜命遠來，欲為生靈造福，流亡覆業，海宇奠安，為德建善。又所傳免削髮，不登岸等語，言頗有緒。而臺諭未曾詳悉，唯諄諄以迎敕為辭。事必前定而後可以寡悔，言必前定而後可以踐迹。大丈夫相信以心，披肝見膽，磊磊落落，何必遊移其說？特遣督理行營兼管刑官事柯平、監軍兵部郎中葉亨等面商妥當。不穀躬承先訓，恪守丕基，必不敢棄先人之業，以圖一時之利。惟是生民塗炭，惻焉在懷。倘貴朝果以愛人為心，不穀不難降心相從，尊事大之禮。至通好之後，巡邏兵哨。自當調回。若夫沿海地方俱屬執事撫綏，非不穀所與焉。不盡之言，惟閣下教之，俾實稽以聞。（見《臺灣外誌》卷15，頁216～218。）

鄭經吩咐柯平、葉亨隨慕天顏、季佺帶書復命，但明珠見書後仍令慕天顏、季佺同柯平、葉亨再往臺灣勸鄭經遵制削髮，鄭經執不削髮，並再次表白心跡：「士各有志，苟能如朝鮮例，則敢從議；若欲削髮，至死不易。」﹝註19﹞慕天顏見鄭經其辭嚴切，於是辭回，帶回鄭經覆明珠之書，書中鄭經仍以「海外孤臣」自居，﹝註20﹞在覆耿繼茂書中，亦稱「東寧偏隅，遠

> 誠、待人以信，德意咸孚，遐邇畢達。是以車書一統之盛，振古無儔！窮荒絕域，尚不憚重譯來朝；閣下人中之傑，反自外於皇仁者。此豈有損朝廷哉？但為閣下惜之耳！誠能翻然歸命，使海隅變為樂土，流離復其故鄉；閣下亦自海外而歸中原，不亦千古之大快，而事機不可再得者乎？我皇上推心置腹，具有璽書。閣下宣讀之餘，自當仰見聖主至仁至愛之心。佇候德音，臨穎神往……。』」

﹝註18﹞ 見江日昇：《臺灣外誌》（齊魯書社，2004）卷15，頁217。
﹝註19﹞ 見江日昇：《臺灣外誌》（齊魯書社，2004年）卷15，頁219。
﹝註20﹞ 鄭經覆明珠書：「蓋聞兵刃乃不祥之器，其事好還。是以禍福無常倚，強弱無常勢；恃德者興，恃力者亡。曩歲思明之役，不佞深憫民生疾苦，暴露兵革，連年不休，故遂全師而退；遠絕大海，建國東寧，於版圖疆域之外別立乾坤。自以為休兵息民，可相安於無事矣。不謂閣下猶有意過督之，驅我叛將，再起

在海外，與版圖渺不相涉。」希望兩不興兵，「以延攬英雄休兵爲念，即靜飭部曲，慰安邊陲」。〔註21〕

明珠與耿繼茂等知悉鄭經恃恃隔著海峽的波濤之險，招撫不成，於是進京復命，而東寧與清廷依舊是兩不相犯。

三、舉兵西征

永曆二十七年（1673），三藩借自請撤藩剌探，清廷准許撤藩；於是吳三桂於永曆二十七年十一月舉兵反清，耿精忠、尚之信隨之亦反。

永曆二十八年（1674），靖南王耿精忠密令黃鏞入東寧請求聲援，希望鄭經可以派兵協助，支援閩沿海地區戰艦。鄭經當時以參軍陳永華爲總制，派其留守東寧，自己率兵官陳繩武、吏官洪磊和馮錫範等，渡海西征；但耿精忠聽聞鄭經「海上兵不滿兩千，船不過百隻」，乃令通行各沿海邊界照前禁例，「寸板不准下海」，並斷絕和鄭經的來往，鄭經因憤恨耿精忠輕侮背信，乃轉攻耿精忠的後防同安，取泉州。此時鄭經連戰連勝，意氣風發，《東壁樓集》

兵端！豈未聞陳軫『蛇足』之喻與養由基『善息』之說乎？夫符堅寇晉，力非不強也；隋煬征遼，志非不勇也。此二事，閣下之所明知也。況我之叛將逃卒，爲先王撫養者二十餘年。今其歸貴朝者，非必盡忘舊恩而慕新榮也。不過憚波濤、戀鄉土，爲偷安計耳。閣下所以驅之東侵而不顧者，亦非必以才能爲足恃，心迹爲可信也；不過以若輩巨測，姑使前死，勝負無深論耳。今閣下待之意，若輩亦習知之矣。而況大洋之中，晝夜無期，風雷變態，波濤不側！閣下兩載以來，三舉征帆，其勞費得失，既已自知。豈非天意之昭昭者哉？所引夷、齊、田橫等事：夷、齊千古高義，未易冷齒；即如田橫，不過三齊一匹夫耳，猶知守義不屈！而況不佞世受國恩，恭承先王之訓乎？倘以東寧不受羈縻，則海外列國，如日本、琉球、呂宋、廣南，近接浙、粵，豈盡服屬？若虞敝哨出沒，實緣貴旅臨江，不得不遣舟偵邏。至於休兵息民，以免生靈塗炭；此仁人之言，敢不佩服？然衣冠吾所自有，爵祿亦吾所自有；而『重爵厚祿，永世襲封』之語，其可以動海外孤臣之心哉？敬披腹而言，仰祈垂鑑！」

〔註21〕 鄭經覆明珠書：「復繼茂書曰：捧接華翰，有『誠來誠往，延攬英雄』之言，雖不能從，然心異之。殿下中國名豪，天人合徵，金戈鐵馬之雄，固自有在；然諄諄所言，無乃襲遊說之俗談，豈猶是不相知者之論乎？東寧偏隅，遠在海外，與版圖渺不相涉。雖泥落部曲，日與爲鄰；正如張仲堅遠絕扶餘，以中土讓太原公子。殿下亦曾知其意乎？貴朝寬仁無比？遠者不問，以所聞見之事，如方國安、孫可望，豈非竭誠貴朝者？今皆何在？往事可鑑，足爲寒心！殿下倘能以延攬英雄休兵爲念，即靜飭部曲，慰安邊陲。羊、陸故事，敢不勉承？若夫疆場之事，一彼一此，勝負之數，自有天在。得失難易，殿下自知，亦毋庸贅也。」

中有〈和康甫應天討虜大海出師〉一詩：

> 薄出西征駕戰舟，長歌擊楫濟中流。國家元運今朝復，胡虜妖氛一
> 旦收。萬姓歡呼恢漢室，孤臣喜得見神州。十年遵養因時動，壯士
> 何辭櫛沐秋。〔註22〕

〈悲中原未復〉一詩：

> 胡虜腥塵遍九州，忠臣義士懷悲愁。既無博浪子房擊，須效中流祖
> 逖舟。故國山河盡變色，舊京宮闕化成丘。復仇雪恥知何日，不斬
> 樓蘭誓不休。〔註23〕

也可看出鄭經雄壯健復國的心志抱負。

因此在泉州捷勝後，鄭經便在此將其於東寧十年間所著詩集《東壁樓集》付梓印行，後又取海澄及漳州。

耿精忠見鄭經據漳、泉、潮三府，屢屢告捷，乃議和並踐前約，以楓亭為界，通商貿易，有事須相援，不得互相侵伐。至此，鄭經取得大陸立足之地，踐約轉攻廣東。但是後鄭經又與耿為爭漳、泉、潮三州火拼而失和，反倒使反清力量大為削弱。

永曆三十年（1676），鄭經取得耿精忠的汀州，更致使鄭耿二軍的關係破裂。同年，廣東的尚可喜戰死，耿精忠在仙霞關失守，前有清軍親王入關，而後有鄭經的雙重壓力，耿精忠忿而削髮降清，成為清軍的馬前卒。

清軍以耿精忠為前導，正面攻擊鄭軍，鄭經大敗。清軍趁機挾勢直下，許多將領聞風而逃或棄幟降清；鄭軍曾跨福建廣東七省的事業竟如洪水般潰堤，只好退守金、廈。駐惠州的劉國軒聞訊亦返歸金、廈後，鄭經重新整頓部隊，授與劉國軒專征之權。

劉國軒的部隊驍勇悍戰，以機動戰術，連戰皆捷，在海澄敗清提督段應舉，進而攻下漳、泉十餘屬縣；但最後清軍聚集，鄭軍兵力不足，退守海澄和金、廈，形成兩軍對峙的局面。

此時清軍常以金錢利祿誘鄭經部將，很多部將在大軍壓迫和利誘下降清。鄭軍在金、廈面臨水陸兩師大軍合圍，廈門百姓人心惶惶，扶老攜幼，各自逃竄，鄭經見民心已失，大勢已去，乃倉促退卻。

永曆三十一年（1677）鄭經兵敗退回廈門，福建、泉州、漳州、汀州、

〔註22〕見《東壁樓集》卷四，《全臺詩》147。
〔註23〕見《東壁樓集》卷四，《全臺詩》頁 130。

邵武、興化五府及廣東潮州、惠州二府盡失。永曆三十二年（1678）八月吳三桂病死衡州，從此反清大勢步入低潮。

永曆三十四年（1680）三月鄭經回到臺灣，此時跟隨鄭經回臺者，僅剩千餘，結束了從永曆二十八年至永曆三十四年的六年間，明室鄭軍反攻復國的行動。

四、西征之後

鄭經自永曆三十四年（1680）兵敗歸臺後，曾拜謁其母董夫人，董夫人責怪鄭經無權謀，不會用人，不但連丟了七府，更失去金門、廈門：「七府連敗，兩島亦喪，皆由汝無權略果斷，不能任人，致左右竊權，各樹其黨耳！」〔註 24〕從此之後，鄭經便無心於政事，放手令長子鄭克壑監國，政事由陳永華輔佐掌理。但東寧王朝內部情勢日趨敗壞，侍衛馮錫范隨經回臺，見陳永華望高權重，心中甚是嫉妒，於是以計誘陳永華交出兵權。

馮錫範假意對陳永華說：「自愧扈駕西征，寸功俱無，歸來仍居其位，殊覺靦顏。」〔註 25〕因此希望能夠「諸凡檢點明白，即當啓辭，杜門優遊，以終餘年。」〔註 26〕陳永華不疑有他，認為馮錫範「武夫也，尚能謙退，吾儕文士，豈可久戀重權？」〔註 27〕於是也萌生了隱退之念，向鄭經請辭兵權。鄭經詢問馮錫範意見，但此正中馮之下懷：「復甫（按：陳永華）勤勞數載，形神已焦。今欲乞休靜攝，情出於真，宜俯從之。」〔註 28〕於是鄭經便依馮錫範之建議，允許陳永華告辭，將所轄部旅交劉國軒指揮，而馮錫範仍任待衛如故。

陳永華這時才醒悟為馮錫範所賣，不久之後鬱抑而歿。繼而柯平、楊英等宿老也先後逝世。此後鄭經更是心無壯圖，意志消沉，無心政事，遂在洲仔尾〔註 29〕擇地一處，令李景監造園亭，植種花木。竣工後，鄭經就以洲仔

〔註 24〕見黃典權《鄭延平開府臺灣人物誌・自序》，（臺南：海東山房，民國 47 年 2 月出版），頁 81。

〔註 25〕見江日昇：《臺灣外誌》（齊魯書社，2004 年）卷 24，頁 329。

〔註 26〕同上註。

〔註 27〕見《閩海紀要》卷下。

〔註 28〕見江日昇：《臺灣外誌》（齊魯書社，2004 年）卷 24，頁 329。。

〔註 29〕洲仔尾園亭又稱「承天府行臺」。第一任臺灣府學教授林謙先在其所著的《臺灣紀略》一書中，形容當時的承天府行臺規模「峻宇雕牆、茂林嘉卉，極島中之華麗」，可見洲仔尾園亭的建築——樓亭、宮房的高大華美，是當時臺灣首屈一指的了。而且當時鄭經能邀文士武將在這裏圍場打獵，可知地方之大，

尾園亭爲居宅，邀文士武將在圍場打獵，日以繼夜飲酒作樂；並將寵倖溺妾遷居其內，放逸嬉遊，鎮日縱情花酒。下令長子鄭克𡒉監國秉政，凡文武啓章，一切事宜，悉聽鄭克𡒉決斷，自此不予政事。

　　永曆三十五年（1681），鄭經因爲縱慾過度，痔瘡暴脹，大腸緊閉其子鄭克𡒉日夜侍側，病情仍不見好轉；臨訣之時，遺命囑咐劉國軒、馮錫範輔佐鄭克𡒉後辭世，享年四十。《鄭經鄭克塽編年紀事》記：

> 自西征敗歸，益近醇酒婦人，因之病痔甚，大腸閉結，醫藥罔效；
> 元子監國世孫克𡒉日夕侍湯藥，衣不解帶。疾將革，傳中提督劉國
> 軒至，執手指克𡒉而與之曰：「原冀與將軍患難相共，同興明室，豈
> 期中道相別！將軍善輔此子，吾在泉壤，感將軍高義也」！……是
> 日寅刻，呼痛而殂，享壽四十，在位十九年。〔註30〕

鄭經病亡，鄭克𡒉因明毅果敢，不肯阿容徇縱，剛正果斷，大有才能，爲軍民擁戴，就算是鄭經的親信權倖，也莫不畏憚。而馮錫範謀掌權，欲立女婿鄭克塽。乃聯絡鄭經之弟聰、明、智、柔，以鄭克𡒉非鄭氏血脈，人心不服爲由，說服鄭成功夫人董國太，共謀殺鄭克𡒉；其死時方年十八，軍民感慨。其妻陳氏（陳永華季女）亦絕食而亡。

　　鄭克𡒉亡後，馮錫範逼請董國太命世孫鄭克塽嗣延平王位，仍稱「招討大將軍世子」，當時鄭克塽才十二歲，年幼無知，雖以鄭聰輔政，但事無大小皆取決於馮錫範。馮錫範雖身爲外戚，但大權在握。當時東寧五穀欠收，米價高昂，災異屢見，民多餓死。清廷趁鄭經病死，鄭克𡒉被弒，幼主鄭克塽嗣位，文武解體且時值歲飢的機會，命閩督姚啓聖和水師提督施琅乘機欲攻伐澎湖和臺灣。

　　施琅東征攻克澎湖之後，劉國軒力主降清，於是鄭克塽便於永曆三十七年（1683）降清，爲鄭鳳祺漢軍公。臺灣收入清廷版圖中，設臺灣府，下轄臺灣縣、鳳山縣、諸羅縣三縣。

依書記載約有三十甲地（一甲約十畝）。第三任的臺廈道高拱乾撰的臺灣最早的志書《臺灣府志》稱洲仔尾園亭爲「鄭氏別館」，即鄭氏的別墅。因鄭氏族人都居於安平王城，所以稱承天府行臺爲別墅，或稱「鄭氏舊宅」。又因這座園亭位置在臺灣府治承天府的北邊，故又稱「北園」，距「邑治北五里許」。鄭經在洲子尾豪邸中，潦倒抑鬱、竟夕歡樂。

〔註30〕見張菼：《鄭成功記事編年》，（《臺灣研究叢刊》第79種，臺北：臺灣銀行經濟研究室，民國54年4月），頁141。

第三節　交　遊

鄭經身為忠義之後，又半生戎馬、四處征戰，但交遊實在不廣。見於《東壁樓集》中詩歌的人物，有陳永華、李茂春、未書本名的柯「儀賓」、未詳載姓氏的康甫，和不詳何許人的林詡官。

陳永華是鄭經的親家（鄭經子鄭克𡒉娶陳永華之女），和西征時期臺政代理人（東寧總制留守），李茂春是隨鄭成功來臺的有名詩人隱士，柯儀賓是刑官柯平之子柯鼎開，康甫很可能是隨同鄭經西征的主將和親家馮錫範。林詡官只能看出是來臺不久便西還老家的朋友或隨員。

以上諸人，除了林詡官之外，都是鄭經的詩友。以下各項，分別由《東壁樓集》中，挑選出顯示鄭經交游狀況之詩作，希望藉此可窺見鄭經交游。

一、陳永華

陳永華（1634～1680），字復甫，諡文正，後改名陳近南。福建省洺州同安人，明末舉人陳鼎之子。十五歲時，其父任同安縣教諭，於清兵下福建時自縊殉國。

明末，鄭成功在廈門圖恢復明室，有心延攬天下之士，二十三歲的陳永華得兵部侍郎王忠孝推薦，與鄭成功有論政的機會。他深得鄭成功賞識，於是鄭成功授予「諮議參軍」之職，並委為其子鄭經之師。《鄭延平開府臺灣人物誌》記載陳永華的形象：

> 淵沖靜穆，語訥訥如不能出諸口。遇事果斷有勢力，定計決疑，瞭
> 如指掌，不為羣議所動。〔註31〕

永曆十三年（1661）鄭成功東征臺灣時，陳永華與諸將協助鄭經監守金、廈。十四年（1662）五月鄭成功病逝後，陳永華便輔佐鄭經，擊敗在臺灣的鄭成功胞弟鄭襲，奠定了鄭經對鄭氏王朝繼承權；十五年（1663），鄭經繼位，便授諮議參軍一職，凡軍國大事，必定諮問陳永華。

十六年（1666），陳永華建議興建的聖廟——孔廟完工（今臺南市南門路）。同時實施考試辦法，建立文官考試制度，並仿明制，三年科考一次。

另又聘中土之儒秀講學。各社皆設小學，教養人民。

陳永華又建議鄭經，令一旅駐守廈門，還與邊將交驤，彼往此來，以博

〔註31〕見黃典權：《鄭延平開府臺灣人物誌》（臺南：海東山房，民國47年），頁86。

貿易之利，而使東寧物價大平。

十七年（1665），陳永華出任「統領勇衛」，教民曬鹽、制保甲，以民十
戶為一牌，十牌為一甲。十八年（1666）官授勇衛，因此陳永華親歷東寧南
北各社，頒屯田制度，分諸鎮開墾。連橫《臺灣通史》記載當時的東寧：

> 插竹為籬，斬茅為屋，以藝五穀。土田初闢，一歲三熟，戍守之兵，
> 衣食豐足。又於農隙以講武事，故人皆有勇知方，先公而後私。東
> 寧初建，制度簡陋。永華築圍柵，起衙署；教匠燒瓦，伐木造廬舍，
> 以奠民居。分都中為東安、西定、寧南、鎮北四坊，坊置簽首，理
> 庶事。制鄙為三十四里，里有社，社置鄉長；十戶為牌，牌有首；
> 十牌為甲，甲有首；十甲為保，保有長；理戶籍之事。勸農桑，禁
> 淫賭，詰盜賊。於是地無游民，番地漸拓，田疇日啓。其高燥者，
> 教民植蔗。製糖之利，販運國外，歲得數十萬金。當是時，閩粵逐
> 利之氓，輻輳而至，歲率數萬人。成功立法嚴，永華以寬持之。險
> 阻集，物土方，臺灣之人，以是大治。〔註32〕

永曆二十八年（1676）的反攻之舉，鄭經以鄭克𡒉為監國，命陳永華為
東寧總制使，國事由陳主政，同時任其為世子鄭克𡒉之傅；陳永華之幼女嫁
鄭克𡒉為妻。三十四年（1682），陳永華見退敗回臺的鄭經已無大志，諸將又
燕安相處，加上侍衛馮錫範、總督劉國軒因嫉妒陳永華在民間聲望，處處排
擠，因之鬱鬱不樂，便主動解甲歸田，並感嘆：「鄭氏之祚不永矣。」於七月
逝世，〔註33〕死後葬於天興州赤山堡大潭山（今臺南縣柳營鄉果毅村）。在鄭
克塽降清後，陳永華子夢緯、夢球仍然居於臺灣。清康熙二十三年（1684），
臺灣版圖歸清，設臺灣府，隸福建省，康熙三十三年（1694）陳夢球登第春
官，為開臺進士第一人。

陳永華作為鄭經的輔臣、親家、留守東寧總制，對開發臺灣立下汗馬功

〔註32〕見連橫：《臺灣通史》，（臺北：臺灣銀行經濟研究室，《臺灣文獻叢刊》第131
　　　種，1958年）卷29，頁272。
〔註33〕《臺灣外誌》記陳永華逝世前，退居無事「偶爾倦坐中堂。左右見永華起，
　　　揖讓進退，禮儀甚恭，似接客狀；賓主言語，唯唯應諾。徐而睡去。逮覺，
　　　即喚左右，將內署搬徙，讓客居。左右問其故，永華曰：『瘟使者欲借此屋，
　　　吾業許之』。左右曰：『瘟使者欲何為』？華曰：『到此延請諸當事者』。左右
　　　曰：『誰』？華曰：『刑官柯平、戶官楊英等，餘尚有不可言者』。嗟吁而已。
　　　數日，永華死，繼而柯平、楊英等亦死，悉如華言。」雖故事性質濃厚，但
　　　也為陳永華此一明鄭時期傳奇人物留下記錄。

勞，死後被諡「文正」。其一生輔佐鄭氏父子的功業，有如三國諸葛亮輔佐劉
備、劉禪父子，因此陳永華也被稱為「鄭氏諸葛」。連橫在《臺灣通史》評論
曰：

> 漢相諸葛武侯，抱王佐之才，逢世季之亂，君臣比德，建宅蜀都，
> 以保存漢祚，奕世稱之。永華器識功業與武侯等，而不能輔英主以
> 光復明室，徬徨於絕海之上，天也。然而開鎮成務，體仁長人，至
> 今猶受其賜；澤深哉！〔註34〕

現臺灣臺南柳營果毅村為陳永華墓原址所立，《陳永華將軍古墓沿革》介紹：

> 陳永華字復甫，福建同安縣人，明諸生，深通孫吳兵法，復窮孔孟
> 之書。父鼎以孝廉官同安教諭，明末死節。延平郡王鄭成功賞識陳
> 氏才華，聘為參軍，使輔佐世子經。永曆十六年五月鄭成功積勞病
> 逝，子經嗣位，授咨職參軍。草擬規章規劃制度，百政具舉；嗣擢
> 總制，留守東寧。時經率軍轉戰漳詔，永華在後方訓兵撫民，愛措
> 士類，儒術佐政，地方又安，稱世子文臣第一。〔註35〕

鄭經《東壁樓記》中，和陳永華贈李茂春之作有三首，分別為：〈和復甫
怒螺歌贈李正青依磧字韻〉、〈和復甫詠蟶戲贈李正青〉、〈和陳復甫贈李正老
對酒春園作〉，遊陳永華的〈憩園〉一首，雖均是以遊園，過訪、賞花、飲酒
為主之吟詠，但從詩作中極少出現贈答之作看來，反映出他們之間非同一般
的交誼。茲錄詩作如下：

〈和復甫怒螺歌贈李正青依磧字韻〉：

〔註34〕見連橫：《臺灣通史》，（臺北：臺灣銀行經濟研究室，《臺灣文獻叢刊》第131
種，1958年）卷29，頁272。

〔註35〕《陳永華將軍古墓沿革》全文：「陳永華將軍古墓，創建於清康熙二十年，（公
元一六八一年），陳永華字復甫，福建同安縣人，明諸生，深通孫吳兵法，復
窮孔孟之書，父鼎以孝廉官同安教諭，明末死節，延平郡王鄭成功賞識陳氏
才華，聘為參軍，使輔佐世子經，永曆十六年五月鄭成功積勞病逝，子經嗣
位，授咨議參軍草擬規章規畫制度，百政具舉，嗣擢總制，留守東寧，時經
率軍轉戰漳詔，永華在後方訓兵撫民，愛惜士類，儒術佐政，地方又安，稱
世子文臣第一。永曆三十四年七月，陳永華辛，與夫人洪氏合葬天興州赤山
堡，（即今果毅後）民國十八年，於原野荒草叢□間，發現墓碑，乃移置原墓
地，重建保存之，墓碑文為，『皇明贈資善大夫正治上卿督察院左都御史總制
諮議參軍監軍御史諡文正陳公暨夫人淑真洪氏墓』。民國四十二年，省政府指
定為臺灣省史蹟。民國六十年本府撥款交由陳氏宗親會重修，民國六十五年
五月由本府收回管理。（臺南縣政府製，中華民國六十五年六月）。」

黃螺生長長江磧，千年奇質成盈尺。時吐明珠耀水濱，暗被漁人施
網獲。珠為國寶肉為羞，惟存一殼光且澤。李君好奇市以歸，幸得
晨昏侍寢席。不期李君反人情，卻與蝗虫成莫逆。置我壁間污潯泥，
日友蜉蟻及蝘蜥。愛彼以為席上珍，視我如遺徒倦客。長鬱鬱兮亦
何益，無毛羽兮難奮翮。豈知微物有靈魄，雖死猶能起霹靂。因風
雨兮破垣披，乘雷霆兮歸海汐。入滄波兮歡所適，君莫悲兮去後惜。
〔註36〕

〈和復甫詠蟶戲贈李正青〉：

出在沙泥裏，因君起盛名。性寒難久薦，物俗豈堪呈。

數百無非賤，計千亦不貞。老饕當所戒，留此半餘生。〔註37〕

〈遊陳復甫憩園〉：

憩園桃李映杯春，滿地殘紅渾繡茵。翠竹芳林開曲徑，碧流孤棹動
高旻。輕煙冉冉浮江際，飛鳥翩翩鬧水濱。醉後歸來將墜馬，霏霏
細雨淨車塵。〔註38〕

〈和陳復甫贈李正老對酒春園作〉：

磊谷先生樂少男，戀情常在半吞含。凝神俱屬朦朧眼，有意豈無側
墜簪。卻把笑談開酒興，聊將詩句寫懷湛。春園空植千株艷，莫若
蓮花自醉酣。〔註39〕

二、李茂春

李茂春，字正青，福建省龍溪人。性恬淡，善屬文。寓居廈門，時常與
廈門諸名士交游往來。永曆十八年（1664）二月，清軍攻廈門，鄭經撤軍民
返臺，李茂春與縉紳盧若騰、郭貞一等，同乘船東渡臺灣，後卜居於永康里
（府城小南門外），自築草廬，名曰「夢蝶」，以寓其人如莊子夢蝶般，人若
蝶、蝶若人，物我混為一體般灑脫。並親植梅竹於居處，日誦佛經自娛，人
稱李菩薩。卒葬於新昌里，諮議參軍陳永華親為撰碑記。

在鄭經《東壁樓集》中，與李茂春應和的詩作僅有二首，分別是〈和李

〔註36〕見《東壁樓集》卷二，《全臺詩》頁108。
〔註37〕見《東壁樓集》卷三，《全臺詩》頁124。
〔註38〕見《東壁樓集》卷四，《全臺詩》頁142。
〔註39〕同上註。

正青不遇空怨歸依偕字韻〉、〈和李正青憂蟶懼讒得匿字〉，其餘三首〈和復甫怒螺歌贈李正青依磧字韻〉、〈和復甫詠蟶戲贈李正青〉、〈和陳復甫贈李正老對酒春園作〉，皆是鄭經贈詩。可見鄭經、陳永華、李茂春三人交情的密切。茲錄鄭經和李茂春詩二首：

〈和李正青不遇空怨歸依偕字韻〉：

> 先生欣奇遇，夙夜心計偕。不意渡江來，失此知己儕。
>
> 美人思所見，密步過高齋。入門惟犬吠，落葉在空階。
>
> 壁間粘萬紙，堂上懸一牌。不遇空歸去，依依悶莫排。〔註40〕

〈和李正青憂蟶懼讒得匿字〉：

> 先生何所懼，所懼在蟶匿。非關人謗讒，徒以廣交識。
>
> 惟愛聲色好，不知憐美德。貞者反棄置，污者頻拂拭。
>
> 畏君洩而貪，人言乃可惑。毀爾無眞心，間爾亡失得。
>
> 笑爾兩鬢斑，欺爾老無力。不來皆有因，色荒爲人賊。
>
> 莫若反諸躬，休如螻蟻食。〔註41〕

三、柯儀賓

「儀賓」是明代對宗室親王、郡王之婿的稱謂。在《東壁樓集》中，被鄭經稱爲「儀賓」的，應是刑官柯平〔註42〕之子柯鼎開。

永曆十六年（1662）五月，成功病薨，鄭經嗣位，永曆十八年（1664）八月改東都爲東寧，升天興、萬年縣爲州，天興州首任的知州即是柯鼎開。《閩海紀要》、《海紀輯要》記「鄭克塽以天興州知州柯鼎開爲贊畫中書舍人」，〔註43〕

〔註40〕見《東壁樓集》卷一，《全臺詩》頁 91。

〔註41〕同上註。

〔註42〕柯平（？～1680）福建晉江人。永曆十五年（1661）從征臺灣，翌年知天興縣事，居大目降（今臺南縣新化鎮）。永曆二十年，鄭經設六官，任爲刑官，二十三年，清人遣興化知府慕天顏來議和，會議間柯平堅持照朝鮮事例，不削髮但稱臣入貢，世守臺灣，清人不許，議和不成。三藩事起，從鄭經西征，數往來閩垣間。三十四年隨鄭經回東寧，旋感染疫卒。光緒間建延平郡王祠，從祀東廡。

〔註43〕中書舍人，職官名。中書省的屬官。西晉初設置，歷代名稱和職務不盡相同，南朝時掌起草詔令，參與機密，決斷政務；隋時主管詔令；唐時掌管詔令、侍從、宣旨和接納上奏文表等事；宋時主管中文書，起草有關詔令，明朝時則負責繕寫文告、命令等事務，清代沿置。簡稱爲「中書」。

有云：

> 鼎開，刑官柯平之子、大將軍儀賓也；秀美能文，尤工詩賦。爲知
> 州時，愛惜士類，民亦戴之。……至是，以爲贊畫中書；諭曰：「爾
> 性質朗潤，氣度溫藹。由其式穀能似，謝家固自有其鳳毛；以故公
> 姻夙連，柴氏亦分榮夫蟠李。莅方州而歌其襦袴，瞻氣宇足資乎棟
> 樑！茲陞爾某官，爾其朝夕照美，糾繆繩愆。以無怠左右輔直，墍
> 茨丹雘；而必周休戚攸關，崇本未艾。〔註44〕

可見柯鼎開是善於詩賦之人。

《東壁樓集》中，有關「柯儀賓」之詩作有二，題名皆爲〈和柯儀賓侍
遊潛苑詠〉，茲錄於下：

〈和柯儀賓侍遊潛苑詠〉：

> 錯落因山結，四時紅綠情。花開改岸色，鳥噪雜流聲。
>
> 落日因波泛，孤舟與鷺輕。共遊歌未了，江月兩平明。〔註45〕

〈和柯儀賓侍遊潛苑詠〉：

> 小苑週圍遶碧溪，晨昏霧靄看將迷。江深日色時時冷，柳暗鶯聲處
> 處啼。船入杳冥人不見，山連靉靆馬無蹄。芳林密密行難盡，夾水
> 桃花滿綠堤。〔註46〕

另外見於《東壁樓集》中的人物尚有「林詡官」、「康甫」二人。有關林
詡官的詩歌僅有一首〈送林詡官歸家〉：

> 細雨風吹亂，問君欲問津。孤帆入海闊，一劍渡江新。
>
> 雀噪留人意，鴻飛報客晨。行矣自此始，滿酌莫辭頻。〔註47〕

由詩題可知林詡官爲鄭經友人，惜因史料不足，究竟其人其事如何，不得而
知。

至於「康甫」，可能爲鄭經身邊某人的字號，但未見於明清各代人物名錄
中，朱鴻林猜測可能是馮錫範。因爲鄭經與馮錫範關係密切，鄭成功薨，鄭
經嗣位，辟錫範爲侍衛，從往臺灣征鄭襲（鄭成功弟），靖內難。永曆十八年
（1664）金、廈陷，時鄭氏宗族部將多降清，惟馮錫範與陳永華、洪旭等隨

〔註44〕見《閩海紀要》卷下，頁71～72；及《海紀輯要》卷三，頁72。
〔註45〕見《東壁樓集》卷三，《全臺詩》頁127。
〔註46〕見《東壁樓集》卷四，《全臺詩》頁146。
〔註47〕見《東壁樓集》卷二，《全臺詩》頁109。

侍同還東寧。

　永曆二十八年（1674）三藩抗清，鄭經渡海西征，又以錫範爲侍衛從征，甚爲倚重（請參閱上節第三、四項）。

　明末清初畫家項聖謨〔註 48〕曾在崇禎九年（1636）作畫「秋林策杖圖軸（爲康甫作）」一幅，現藏於上海博物館，依據時代年份推測，此「康甫」或即馮錫範。今茲錄《東壁樓集》中有關「康甫」之詩歌於下：

　〈和康甫應天討虜大海出師〉：

　　　薄出西征駕戰舟，長歌擊楫濟中流。國家元運今朝復，胡虜妖氛一
　　　旦收。萬姓歡呼恢漢室，孤臣喜得見神州。十年遵養因時動，壯士
　　　何辭櫛沐秋。〔註49〕

〈和康甫〉：

　　　風微鼓棹出沙洲，戲浪巨鯨吸碧流。日炎中天雲色渺，惟希行雨神
　　　龍遊。〔註50〕

　鄭經《東壁樓集》中顯示其人交游狀況的詩作，大約可歸納爲四種，一是以物喻志，透過與朋友贈答詩作詠物明志，例如〈和復甫怒螺歌贈李正青依磧字韻〉、〈和復甫詠螳戲贈李正青〉、〈和李正青憂螳懼讒得匿字〉。二是同遊之樂，例如〈遊陳復甫憩園〉、〈和柯儀賓侍遊潛苑詠〉、〈和陳復甫贈李正老對酒春園作〉等。三是復國雄心，例如〈和康甫應天討虜大海出師〉。四是摹寫風景，例如〈和柯儀賓侍遊潛苑詠〉等。

〔註48〕項聖謨（1597～1658），初字逸，後字孔彰，號易庵，別號胥山樵、逸叟，浙
　　　　江嘉興人。有《朗雲堂集》、《清河草堂集》傳世。
〔註49〕見《東壁樓集》卷四，《全臺詩》頁 147。
〔註50〕見《東壁樓集》卷八，《全臺詩》頁 168。

第三章 《東壁樓集》之成書定名與刊刻

第一節 成 書

　　鄭經於西征前的在臺十年間（1664～1674），秉承父志蓄勢待發，在「國中庶事閒餘刻」時也寫了不少詩，成就了《東壁樓集》的成書，且在西征初捷時（永曆二十八年，1674）在泉州付梓刊行，這是第一部全然以臺灣爲背景和題材的詩作，共計八卷，四百八十首詩；不僅有風花雪月的吟詠、對社會蒸民的關懷，也是海洋文學的濫觴；在數量上更是大大超越了「臺灣文學始祖」沈光文，〔註1〕使其在臺灣文學的意義與價值方面均居空前地位。

〔註1〕 連橫：《臺灣通史》卷 29，諸老列傳：「沈光文，字文開，號斯庵，浙江鄞人也。少以明經貢太學。福王元年，預於畫江之師，授太常博士。明年，浮海至長垣，再預琅江諸軍務，晉工部郎。隆武二年秋八月，閩師潰，扈從不及。聞桂王立粵中，乃走肇慶，累遷太僕少卿。永曆三年，由潮陽航海至金門。閩督李率泰方招徠故國遺賢，密遣使以書幣聘，光文焚書返幣。而是時粵事亦不可支，乃留閩中，思卜居泉州之海口。浮家泛宅，忽遭颶飄至臺灣。時臺爲荷人所踞，受一廛以居，極旅人之困，弗恤也，遂與中土音耗絕，亦無以知其生死者。十五年，延平郡王克臺灣，知光文在，大喜，以客禮見。而遺老亦多入臺，各得相見爲幸。王令麾下致餼，且以田宅贍之。亡何王薨，子經嗣，頗改父之臣與政。光文作賦有所諷。或讒之，幾至不測。乃變服爲僧，逃入北鄙，結茅羅漢門山中。或以言解之於經，乃免。山外有目加溜灣者，番社也。光文於其間教授生徒，不足則濟以醫。常歎曰：『吾二十載飄零絕島、棄墳墓不顧者，不過欲完髮以見先皇帝於地下爾。而卒不克，命也夫』！已而經薨，諸鄭復禮之如故。三十七年，清人得臺灣，諸遺臣皆物故，光文亦老矣。閩督姚啓聖招之，辭。又貽書問

　　依據國家圖書館善本書室所藏《東壁樓集》微卷內見〈自序〉一篇，對於《東壁樓集》的成書動機及經過說得相當明白。現錄原文如下：

> 余自幼從師。僅記章句耳。至十餘歲。方粗識大略。每讀書史忠孝之事。未嘗不感激思奮。緣國祚中衰。胡氛正熾。余年頗長。乃日事弓馬。不務刀筆。及先王賓天。始出臨戎。嗣守東寧。以圖大業。但公事之餘。無以自遣。或發於感慨之時。或寄於山水之前。或托於風月之下。隨成吟詠。無非西方美人之思。日者〔註2〕虜運將終。四方并起。余爰整大〔註3〕師。直抵閩疆。思恢復有期。毋負居東吟詠之意。乃命官鐫刻。而名曰東集，以明己志云。永曆甲寅歲夏六月潛苑主人自識

訊，曰：『管寧無恙』。欲遣人送歸鄭，會啟聖卒，不果。諸羅知縣季麒光，賢者也，為粟肉之繼，旬日一候門下。時寓公漸集，乃與宛陵韓又琦、關中趙行可、無錫華袞、鄭廷桂、榕城林奕、丹霞吳蕖、輪山楊宗城、螺陽王際慧等結詩社，所稱福臺新詠者也。尋卒於諸羅，葬焉。光文居臺三十餘年，自荷蘭以至鄭氏盛衰，皆目擊其事。前此寓公著述，多佚於兵火，惟光文獨保天年，以傳斯世。海東文獻，推為初祖。著有臺灣輿圖考一卷，草木雜記一卷，流寓考一卷，臺灣賦一卷，文開詩文集三卷。邑人全祖望為訪而刊之，志臺灣者多取資焉。同時居臺者有徐孚遠、王忠孝、辜朝薦、沈佺期等，亦一國之賢者。」1661年，鄭成功率軍攻下臺灣，明朝遺老紛紛入臺隨鄭；鄭成功得知沈光文也在臺灣後，曾加以接見，並賜予田宅。沈光文晚年定居目加溜灣，並對當地原住民提供醫療、文教；後人建有紀念碑以資紀念。沈光文以及後來隨鄭軍入臺的儒士，例如王忠孝、辜朝薦、沈佺期、郭貞一、李茂春、許吉景等人，以詩文寫下了臺灣第一批書面的文學作品，在文學史上具有特殊的意義。尤其沈光文本人獨自在臺流寓多年，留下感時懷身和記述當地風土民情的詩文，其中後者尤為可資研究十七世紀以前臺灣島上情形，極為珍貴的第一手文字資料。

〔註2〕 在《東壁樓集》泉州刻本上，此字是一「土」字加一點，因此應隸定為「土」字才正確，朱鴻林隸定此為「者」字，但鄭經手跡中，「土」字下方並無「日」字。若此句為「日『土』虜運將終」則不通順，若此句為「日『者』虜運將終」則「者」可作為助詞解。因此，在此應是鄭經寫了別字，但朱鴻林揣摩其旨意與通篇文意，隸定出一個較合文法的正確書法字。

〔註3〕 在《東壁樓集》泉州刻本上，此字是一「大」字無疑，因其上並無「天」字上一橫，朱鴻林隸定為「天」字有誤。

《東壁樓集》自序書影

自序
余自幼泛師僅記事
句耳。至十餘歲方粗
淺大略好讀古史書
孝之事未嘗不感激

守東字以圍大棄但
云子之餘豐以甘蕑。
武菱拄感悅之時或
寄拄山水之勵或拄
於風月之下随峯吟

思奮緣
國祚中衰胡氣正熾余幸
頗長乃日事弓馬不
務刀箠及
先王賓天狣出臨戎翩

詠壁咋西方美人之
里日出塵運將經回
方孟起余髮懋犬師
直批閩疆思恢復有
朝毋負居東吟咏之

意乃節宣鐫刻而名
曰東集以明已志云

永曆甲寅歲夏六月潘苑
主人自識

在此，筆者以表格的方式，對照正史及其自序，呈現出時間點與歷史的記事，大略如下：

時間點	年份	自 序 原 文	記 事
幼年 十餘歲	1642 （生） ｜ 1661	自幼從師。僅記章句耳。 方粗識大略。每讀書史忠孝之事。未嘗不感激思奮。緣國祚中衰。胡氛正熾。	崇禎十五年（1642）生於福建省泉州。 崇禎十七年（1644）三月十九日，李自成陷北京，崇禎皇帝登煤山（今北京市西城區景山）自縊，明朝亡。
年頗長（約20～21歲）	1661 ｜ 1662	乃日事弓馬。不務刀筆。	永曆十五年（1661）二月奉鄭成功命堅守思明州（廈門）。
及先王賓天（21歲）	1662	始出臨戎。嗣守東寧。以圖大業。但公事之餘。無以自遣。或發於感慨之時。或寄於山水之前。或托於風月之下。隨成吟詠。無非西方美人之思。	永曆十六年（1662）十月來臺。〔註4〕 永曆十七年（1663）回思明州，派兵鎮金門、銅山。 永曆十八年（1664）三月初十，棄銅山，八月改東都爲「東寧」。
日者虜運將終。四方并起（33歲）	1674	余爰整大師。直抵閩疆。思恢復有期。毋負居東吟詠之意。乃命官鐫刻。而名曰東集，以明己志云。永曆甲寅歲夏六月潛苑主人自識	永曆二十年（1666），復思明州，廣開貿易。 永曆二十七年（1673），撤藩。 永曆二十八年（1674）命陳永華留守東寧，自率領兵官渡海而西。先至思明。再收同安、海澄，六月復泉州。
（39歲）	1680		永曆三十四年（1680）三月十二，回至東寧。
（40歲）	1681 （卒）		

由〈自序〉可看出鄭經的寫作動機「西方美人之思……毋負居東吟詠之意……以明己志云。」《詩經・邶風・簡兮》有：「云誰知思，西方美人。」

〔註4〕 《鄭經、鄭克塽紀事》（臺灣研究叢刊第八十六種，臺北：臺灣銀行經濟研究室，1966年6月），頁3～4：「先藩式闢東都，創業未竟而中道崩殂，不穀將東靖難，俾承餘緒；苟能息兵安民，免我後顧，而又不墮先藩孤忠亮節，諸君其酌行之矣。」

鄭箋：「周室之賢者。」《詩傳集》：「托言以指西周之聖王，如《離騷》亦以美人目其君也。」賢者、聖王都是政治上的理想。在鄭經的自序中，「西方美人」可能是指「桂王」朱由榔，雖然桂王已死，但因其身分地位，可爲反清復明的精神象徵，足以號召人心。「西方美人」也可指鄭經心目中的「賢王」。〔註5〕筆者認爲，或者可以解釋爲對於西方故國的懷念，整個明室中原江山對鄭經來說，都是「西方美人」。

　　在陳永華的協助下，東寧的政事安定，所以鄭經有餘裕從事詩歌的創作，因此在感慨、遊山玩水、獨自臨風望月之時，隨口脫出的吟詠詩歌，即爲《東壁樓集》的主要內容。

　　另外，〈自序〉也提供了此集刊刻的時間——「永曆甲寅歲夏六月」。鄭經於永曆二十八年（1674）五月渡海西進，六月入泉州，因此此集極可能是於商業較勝且人文薈萃的泉州刊刻印行。

　　泉州是鄭經的出生地，所以將自己在臺十年間的詩歌創作付梓，以紀念在臺灣十年的生聚教訓，也紀念在臺所見風物民情、山光水色，對鄭經而言自特別具有意義。

第二節　定　名

　　鄭經以「東壁樓」爲詩集之名，從表面看，可能是書房名命之。《晉書‧天文志》有云：

　　　東壁二星，主文章，天下圖書之秘府也。〔註6〕

「東壁樓」應是鄭經平日讀書、寫詩的場所。另外，鄭經有〈東壁樓〉一詩云：

〔註5〕見龔顯宗：〈初論東壁樓集〉，《第七屆清代學術研討會論文集》(高雄中山大學)，2001年9月361～374頁。

〔註6〕二十八宿之中，北方玄武七宿：鬥、牛、女、虛、危、室、壁。東壁，是排在最後那個「壁宿」的別名。東壁二星相對，在營室之東，與營室連成一個正方形，狀如房舍，所以叫做「東壁」。《晉書‧天文志》：「東壁二星，主文章，天下圖書之秘府也。」因此後代便把藏書之處叫做「東壁」。《晉書‧天文志》又說：東壁「星明，王者興，道術行，國多君子。星失色，大小不同，王者好武，經士不用，圖書隱。星動，則有土功。」唐代名臣張說在〈恩敕麗正殿書院賜宴應制得林字〉所吟唱的：「東壁圖書府，西垣翰墨林。誦詩聞國政，講易見天心。」可見「東壁樓」應是當時的藏書之地，或給天子讀書之用。

高樓遠峙白雲邊，綠海環城動碧漣。孤渚彩霞生畫閣，一江明月度
漁船。簾斜捲盤波日，玉檻橫棲出岫煙。聽政餘閒覺寂寞，寄情山
水墨翰筵。〔註7〕

由詩句中「高樓遠峙白雲邊」，可見東壁樓高，視野良好，還可以看海賞霞。

　　然在鄭經心目中，「東壁」可能有更深的涵義，是暗寓明鄭擁有臺灣「東
南之地」，再與「西方美人」相互對舉。

　　永曆十八年（1664）八月，鄭經「改東都爲東寧國」，〔註8〕詩集又在鄭
經寓臺十年後付梓，可以想見，詩集之內容可能和明鄭的復國志節有相當程
度的連結關係。

　　《東壁樓集》共八卷，一體一卷：第一卷收錄五言古詩計八十八首，第
二卷收錄七言古詩計六十首，第三卷收錄五言律詩計一百零四首，第四卷收
錄七言律詩計八十九首，第五卷收錄五言排律共計四十一首，第六卷收錄七
言排律計二十一首，第七卷收錄五言絕句計二十四首，第八卷收錄七言絕句
計五十三首，共計四百八十首詩，卷次分明，各體兼備。

　　《東壁樓集》除了是第一部臺灣的古典詩集，其豐富的作品數量與作者
鄭經特殊的身分讓它在臺灣文學史上更加引人注目。從詩集中不但可以看出
作者鄭經不同於歷史評價的一面，且詩集之數量龐大，超越沈光文成爲目前
臺灣明鄭時期詩歌作品最多的詩人。

第三節　刊　刻

　　《東壁樓集》刊於 1674 年（甲寅，明永曆二十八年，清康熙十三年），
出版地不詳，極有可能刊於泉州。清初以降，各種公私藏書目錄均未見載。
此書原本今藏於日本內閣文庫，編列番號「漢書 16875，函號 16～5」。日本
京都大學人文科學研究所、美國普林斯頓大學葛斯德圖書館、臺灣中央圖書
館漢學研究中心、中央研究院傅斯年圖書館等處均藏有影印本。但鄭經的名
字在本書和藏書目錄中均未出現。

　　《東壁樓集》爲木刻本，全書共八卷，分裝三冊，各冊首頁右上角均有

〔註7〕　見《東壁樓集》卷四，《全臺詩》頁137。
〔註8〕　趙爾巽等：《清史稿》，（北京中華書局，1990 年 12 月），卷224，〈列傳十一‧
　　　　鄭經傳〉。

「秘閣圖書之章」陽文方印。書前有〈自序〉一篇，無跋尾；每卷之前均冠目錄，頁碼字為起迄。目錄及正文均開卷題《東壁樓集》及卷次，正文每卷書名下均題「潛苑主人東集」六字。全書連序均半頁左右邊雙欄，上下單欄；序文及目錄板面，行十八字，目錄行上空二格，正文行不空。板心上口序文部分刻「東壁樓序」，餘作「東壁樓集」四字；其下均有黑魚尾，尾下序文部分空白，餘均右邊刻卷次，稍下左邊刻該卷詩體裁，如「五言古」等。每板均中縫下部中刻頁碼，下口右邊刻「東集」二字，正文詩題均低二格；各詩句旁均有圈點；句下或并有評語，則做小字雙行；詩末有總評者，例低三格。

　　〈自序〉為行書摹科，餘文用仿宋硬體，無刻工姓字，然刀工整麗，刷印明晰，朱鴻林判定此為原刻初印本。〔註9〕

　　本文引詩之註解先引《東壁樓集》卷數，後加施懿琳等編《全臺詩》頁數，以方便讀者查找。

〔註9〕　參見朱鴻林：〈鄭經的詩集和詩歌〉，《明史研究》第 4 集，1994 年 12 月，頁212〜230。

第四章　《東壁樓集》之題材內容

　　《東壁樓集》共收四百八十首詩，題材與內容十分廣泛，是鄭經自退守東寧至與三藩聯軍止十年間（1664～1674）的創作。

　　相較一般王冑之後，誓死效忠明室的鄭成功賦予鄭經的責任，幾乎是關乎一國存亡的重擔；鄭經戎馬征戰的生平經歷及壓力，不但提供他許多寫作的素材，也深化了寫作的內容。

　　因此，本章經由對《東壁樓集》中各種題材內容的詩作加以分類，略分為「山水風情」、「江畔即景」、「海洋素描」、「家國情懷」、「征戍閨怨」、「詠史弔古」、「狀物興感」、「時歲民俗」八大類，擇有關作品並依據詩作整體意境與內容加以區分。惟，一詩亦可能有跨類情形，不硬性二分。

　　希望藉由對詩作的分門別類，爬梳、探究《東壁樓集》之文學特色。

第一節　山水風情

　　中國古代詩人在傳統哲學思想的影響下，經常寄情自然山水，以山水為詩、以自然物象抒情。白居易〈讀謝靈運詩〉：「壯志鬱不用，須有所洩處。洩為山水詩，逸韻諧奇趣。」〔註1〕說明詩人以山水詩發泄情感的創作表現。

　　「山水詩」，是指以「自然山水景色」為主要創作對象的詩歌作品，其他與山水密切相關的自然景物和人文景觀亦可歸於其範疇內。

　　用「山水」來代表「自然風景」之意最早見於西晉左思〈招隱詩〉：「非必絲與竹，山水有清音。」〔註2〕《文心雕龍・物色》亦有云：

〔註1〕《白居易集》（臺北：里仁書局，1980年），卷7，頁131。
〔註2〕左思：〈招隱詩二首之一〉，逯欽立輯校《先秦漢魏晉南北朝詩》（臺北：木鐸

　　若乃山林皋壤，實文思之奧府，略語則闕，詳說則繁。然屈平所以
　　能洞鑑風騷之情者，抑亦江山之助乎？〔註3〕

劉勰以爲「山林皋壤」可引發深厚而奧妙的文思，可稱爲「文思之奧府」，足
見山水風光對詩人的重要性。

　　東晉、六朝爲中國山水文學的萌芽期〔註4〕，自然山水爲此時主要的創作
題材，詩人在表現手法上也創造了豐富的藝術特色。後，山水詩更蓬勃於劉
宋初期，取代當時老莊哲學及遊仙詩的地位成爲主流詩歌；且山水詩人皆擅
長利用清新辭藻，巧構形似之言。《文心雕龍・明詩篇》：

　　宋初文詠，體有因革。莊老告退，而山水方滋。儷采百字之偶，爭
　　價一句之奇。情必極貌以寫物，辭必窮力而追新，此近世之所競也。
　　〔註5〕

　　鄭經《東壁樓集》四百八十首詩中，寫山水風情的詩作約有二百二十餘
首，比例近有百分之四十五。本文分析其山水詩內容，將之略分爲「寫景物
之美」、「寫鄉愁之思」、「寫隱逸之念」三部分。

一、寫景物之美

　　鄭經大量山水詩作來自於在臺十年間的經歷，他面對山川景物時，並無
落難詩人般沉重書寫曲調，只是自我的探索省思以及「江山景色雖然異，風
月清輝萬里同」〔註6〕的安慰。是故，自然勝景的描繪成爲《東壁樓集》山水
詩中的多數，而並非另有寄託。例如〈瀑壑晚坐得仞字飛字〉一首：

　　懸崖石壁起千仞，瀑泉一道浮空疊。

出版社，1983年），頁734。有關於「山水詩」一詞的來源及演變可參見王文
進：〈南朝「山水詩」中「遊覽」與「行旅」的區分——以《文選》爲主的觀
察〉，《東華人文學報》第一期1999年7月，頁103～114，因山水詩的緣起非
本文主題，故不詳述。
〔註3〕見王利器校注：《文心雕龍》（臺北：明文書局，民國74年10月第2版），頁
　　　279。
〔註4〕葉慶炳《中國文學史》（臺灣學生書局，民國75年，頁193～194）中說明山
　　　水詩蓬勃的原因可以分爲三方面言之：一爲文學本身之原因，二爲時代背景
　　　使然，三爲地域環境使然，元嘉詩人謝靈運，永明詩人謝朓，即爲山水詩最
　　　重要的作家。由於二謝提倡，山水詩遂成爲宋、齊二朝的詩歌主流。
〔註5〕見王利器校注：《文心雕龍》（臺北：明文書局，民國74年10月第2版），頁
　　　35。
〔註6〕見《東壁樓集》卷四，《全臺詩》頁136。

> 遠看猶如白練垂，幽谷頻聞金鼓振。
>
> 獨坐無語對清流，潭氣上蒸山更潤。
>
> 日落泉影帶霞飛，宛若雙虹橫翠微。
>
> 空潭薄暮生寒色，冷氣淒淒侵我衣。
>
> 坐觀清景不知返，無限風光自依依。〔註7〕

此詩寫出懸崖峭壁的氣勢及瀑布噴泉的雄偉景象，山嶽峽谷的陡峭，地勢的崎嶇險峻，造成遠望如白練般的飛瀑，凸顯山景氣勢，而瀑布的聲響就如同鼓聲，在幽靜的山間迴盪。

末聯由景轉人，詩中主角一人獨自面對清泉流水，默默無語。廣闊峭拔的山景與孤獨的一人，兩者形成畫面上大小差異的強烈對比。最後視線拉遠又回到山景，水氣的蒸騰讓山色籠罩一層濕潤。全詩由景轉人，再轉回景，雖然寫作手法平易，但具有視覺、聽覺上的雙重刺激，使內容顯得豐富。

再如〈夏晚初霽得飛字〉一首：

> 著雨山多翠，疏雲晚半飛。碧空清靄氣，綠海耀晴輝。
>
> 返照開巖色，餘光收夕霏。池蓮生美艷，草木變芬菲。
>
> 澗滿天河水，鶴梳朔雪衣。泉聲侵枕席，香馥入簾幃。
>
> 棲鴉爭日暮，明月掩星稀。〔註8〕

此詩首聯點明時間接近傍晚，場景中有雨後的山與雲；次聯再寫山間靄氣因雨而清新，山因日光的照耀，顯得像海浪一樣閃閃發亮。

「綠海」似的山景與首句「山多翠」前後呼應，形成一片綠意盎然。第三聯寫雨過天青的餘暉與晚霞返照山間，使視線更加明顯，山色盡收眼底。第三聯到第四聯是由「大景」的山寫到「小景」池蓮、草木等細小景物，遠拉近的視線，夕陽、雲霞使得花草都變得美艷可人。第六聯則將視覺轉為聽覺、嗅覺的描寫，山間的澗水看似白雪的痕跡，彷彿在山中奔流，泉聲幽幽入耳，又與前句「天河水」相互呼應。池蓮草木清香，侵透入簾。

詩末，再將畫面帶往遠方，棲鴉、日暮的意象不但回應首聯時間，更增添畫面的蒼涼感，明月的出現象徵此山水饗宴的落幕。全詩讀來亦似一幅精緻的山水畫，雖全詩中無人物的出現，但感官描寫卻深刻而細緻，有聽覺、視覺、嗅覺的三重鋪陳，十分豐富，使人彷彿身歷其境。

〔註7〕　見《東壁樓集》卷二，《全臺詩》頁107。

〔註8〕　見《東壁樓集》卷五，《全臺詩》頁152。

又有〈野氣得態字〉一首：

山深樹木多薆薱，朝暮雲煙頻宿靄。

騰騰噴起疊層巒，片片隨風成積塊。

爛熳遍野如絮飛，飄颻弗定若亂績。

紅日當午見微光，山犬忽驚向空吠。

高峰映日翠欲流，芳林帶露懸冰碎。

過午氤氳氣復合，白霧重重四際逮。

日光遮蔽全無影，山色蒼翠盡藏汩。

日日山房閒坐看，峰嵐變改無限態。〔註9〕

寫草木茂盛的山中，飄颻的雲煙、翠碧的溪流、氤氳的嵐氣……等景色，因時間和日光照耀的角度而有所不同。早晨的雲煙尚籠罩著山頭，風起時，雲煙隨風吹散成山嵐，日照下的溪流更加翠綠閃耀，芳草上露珠也更顯晶瑩剔透。過午，雲氣又再度聚合，雖然山被重重白霧包圍，但所有的美景皆盡藏於這重重白霧之中，整座山就如寶庫般，盡收綺麗美景，即使天天看，也有看不盡的千姿萬態。

鄭經喜好「群峰絕巘」的山景，多寫日光雲影之變化所賦予的視覺效果，且善於利用如聲響、嗅覺等各種素材來營造臨場感。「無人物」的書寫方式在其山水詩歌作品中，形成「無我」的客觀觀照，更顯現其瀟灑態度。

此外，〈洗心〉〔註10〕、〈雲歸起夕涼〉〔註11〕、〈青惜峰巒過〉〔註12〕、〈清懷尋寂寞〉〔註13〕等詩章，不僅對景色的描寫鞭辟入裡，文字也流麗清暢，安靜而穩定，流露出他寫作時隨性與閒逸的心情，宛如隱居山林風流瀟

〔註9〕 見《東壁樓集》卷二，《全臺詩》頁107～108。

〔註10〕見《東壁樓集》卷一，《全臺詩》頁77，〈洗心〉：「高臥幽山裏，日與林木窅。懸崖垂雙澗，千峰隱白雲。遣興步溪石，清流激湍聞。樹陰乘晚涼，百鳥聲呼群。形留同巖谷，方寸絕塵氛。」

〔註11〕見《東壁樓集》卷三，《全臺詩》頁122，〈雲歸起夕涼〉：「千岫開晴色，巉巖鎖夕陰。斷霞依遠浦，落日掛高岑。天暮路多寂，雲歸山更深。微風生水際，亭閣晚涼侵。」。

〔註12〕見《東壁樓集》卷三，《全臺詩》頁113，〈青惜峰巒過〉：「雲帆輕萬里，淅瀝曉孤吹。疊嶂渾相似，寸心覺自疑。扁舟隨浪去，遠岫乘風移。蒼翠幽堪賞，憐情過後知。」

〔註13〕見《東壁樓集》卷三，《全臺詩》頁113，〈清懷尋寂寞〉：「深情巖谷趣，野景羅心胸。靜聽澗中水，閒觀石上松。尋幽遶藥徑，寄傲入雲峰。所適惟隨意，往來無定蹤。」

灑的名士；如此「留戀風光不記年」的閒適，在《東壁樓集》中俯拾即是，這是鄭經的風格，也是山水詩的特色之一。

二、寫鄉愁之思

　　鄭經經歷桂王被弒、父親鄭成功病歿等變故，但仍然領導著明室遺民標舉復明大業的旗幟退守臺灣。遺民的心情表現在文學作品方面通常有會悲憤抗爭、淒清悲涼的情愫在內。有別於遺民詩人沿著國變前的奮發有為、國變時的痛心疾首、國變後奔走呼號的心態變化，鄭經在面對山川景物時，並無遺民詩人般家國變故的沉痛，亦少民間疾苦的激烈反映，其山水詩多半表現出輕描淡寫且淺薄的鄉愁情意。

　　在《東壁樓集‧自序》中有云：「緣國祚中衰，胡氛正熾……及先王賓天，始出臨戎，嗣守東寧，以圖大業。」由此可見，鄭經僅是以為明國祚「中衰」，並不覺得明室已亡，也不覺得自己身分為流亡的孤臣孽子，他自信的在鄭成功的庇蔭跟陳永華的輔佐下據地為王；所以在《東壁樓集》中，我們無從知曉鄭經對明室已亡的悲痛情緒，或是身為孤臣孽子的怨嘆，也無從窺探其奮起欲攻的復國意圖，表現在山水詩中只有淡薄的客心鄉愁，沒有濃烈的思鄉情緒。

　　根據史實，鄭經繼承鄭成功在臺灣的領導權後，於永曆十七年（1663）底，靖南王耿繼茂、福建總督李率泰，又趁鄭泰的親眾來歸，鄭軍勢力大減時，與荷人達成協議。荷人以戰艦十六艘、大砲四百四十門、兵二千六百五十三人，泊閩江口，由海軍提督巴爾特（Balthasar Bort）率領，欲助清攻金、廈和臺灣。清荷聯軍明顯對鄭軍不利。鄭經寡不敵眾，於是棄守金、廈，退守銅山，後接受洪旭進言在永曆十八年（1664）退守臺灣。

　　雖然如此，但鄭經在詩歌中並無表現出國家已亡或以遺民自居的態度，而是在東寧一地重現了中國傳統文人創作羈旅詩詞的遊子心情，而非國仇家恨的黍離之悲。此與歷代亡國後的遺民詩人作品書寫有極大的差異。

　　其作品直可看成是在臺灣重現了中國傳統文人的修辭筆法、描景技巧。我們在《東壁樓集》詩歌作品中，看不到臺灣一地中風土習俗的影子，沒有地方風物、亦無地方特色，表現出的只有「江山景色雖然異，風月清輝萬里同」的情愫，所以並不適合把鄭經當成傳統典型的「遺民」文人看待。因此，這類「山水寫鄉愁」的詩歌，或可看做是遊子精神的漂泊與靈魂流浪的文字

化，以山水作爲媒介，分泌觸景生悲的心情。例如〈早起得昧字〉一詩：

　　　　雞聲催曉行，殘月路微昧。疏星半隱明，嶺上多雲靄。

　　　　空山樹寂寂，荒徑草薈薈。螢火傍人飛，露光芳草帶。

　　　　煙氣生馬頭，泉聲雜天籟。客心多感悽，仰天徒長慨。〔註14〕

此詩寫早晨山景的淒清，將明的天色裡，星月殘疏的光亮，隱隱約約襯著山嶺
上的雲霧，瀰漫一片孤寂氣氛。三聯接著從大景寫到小景，舊時來訪的道路已
經荒草橫生；四聯再從小景帶往更小的視線點，螢火蟲的飛舞，帶露珠的芳草
營造的冰涼感，都是具有臨場感的描寫，然後視線再往前拉到佈滿煙氣碼頭，
尚未消散的霧氣漫漫，視線依舊有曖昧不明的迷離，然後筆鋒從視覺轉往聽覺，
奔瀉的山泉就如同天籟般，在幽靜的清晨山中更加清晰可聞。直至末聯，道出
縱使良辰美景，仍不改其身爲遊子的身分，只能以仰天長嘆的悲哀作爲結束。

　　　　再看〈危途曉未分〉一詩：

　　　　行客匆匆起曉天，遠峰碧樹帶朝煙。

　　　　朦朦岐路青雲斷，窈窈荒山玉露連。

　　　　但見微光懸嶺上，惟聞流響出崖巔。

　　　　崎嶇屈曲深難辨，曙色未分馬不前。〔註15〕

寫身爲「客」的悽惶，亦可看做是對前程徬徨、缺乏安全感的象徵。鄭經融
情入景、因景抒情，處處有景，雖景致平淡無特殊之處，但步步營造感官的
刺激，情因景出，凝成化解不開的哀感愁緒，借自然意象表露。

　　　　在《東壁樓集・自序》中，鄭經對其創作動機有所解釋：「隨事吟咏，無
非西方美人之思。」所謂的「西方美人」或許正指西方中原的故土。所以，
與其說鄭經是「遺民」，更精準的來說，只是客居他鄉的「遊子」罷了。

三、寫隱逸之念

　　　　鄭經所處的時代背景是明末清初朝代更迭之際，軍令與父命都督促他爲
國戎馬征戰；當時明室在各地親王不斷的被拱出建立政權，隨後又迅速被消
滅，就連鄭氏家族內部亦各擁其主，時局之亂是可想而知。身爲鄭成功之子，
鄭經歷國禍家變，終於手握鄭軍於東寧的大權，既有鄭成功囤墾經營於先，
又有良相陳永華，武將馮錫範、劉國軒爲左右手，東寧一時境內大治，百姓

〔註14〕見《東壁樓集》卷一，《全臺詩》頁89。
〔註15〕見《東壁樓集》卷四，《全臺詩》頁132。

豐衣足食；對於鄭經來說，此正爲「居廟堂之高」位；但對於一個被迫放棄明室江山、偏安孤島的「昔日先朝一漢臣」〔註16〕而言，其景況又是「處江湖之遠」地；這樣矛盾的處境，使鄭經產生「君逸之心兩隆」〔註17〕的矛盾心理，因而其山水詩中，常常出現一些隱逸的情懷。〔註18〕

《東壁樓集》山水詩中，對隱逸始終帶有欣羨、嚮往的語氣，與其處境和心情相類的「孤」與「獨」等字眼不斷地呈現，我們可以想像，鄭經雖居廟堂之高，但卻情懷江湖之遠的生活姿態，有「世事紛紛朝夕改，莫若泛舟做漁郎」〔註19〕的灑脫。

例如〈山中作〉：

獨坐深山臥曲房，閒行竹徑俯林塘。

清流能洗氛埃事，幽谷自開名利韁。

林鳥朝朝喧異語，石泉夜夜奏清商。

碧空明月時相侶，翠嶺輕雲日在傍。

聽韻松間倚竹杖，尋芳花下擷荷裳。

情移山水共清態，神與煙霞俱景光。

此外俗塵都已淨，惟將旨酒作吾鄉。〔註20〕

此詩寫獨自一人在深山之中，自在閒行，竹林和水塘的意象堆疊成一片清幽，山間的清溪可以洗去煩擾之事，可逃離名利的枷鎖羈絆。第三聯轉爲聽覺的描寫，林間的鳥語、嗚咽的泉聲，都豐富了全詩的內容。但僅一人「獨坐」，

〔註16〕 見《東壁樓集》卷八，《全臺詩》，頁166〈題東壁樓景自敘〉。

〔註17〕 見林慶揚：〈論鄭經《東壁樓集》的慕隱詩境〉，《臺灣人文研究的新境界全國碩博士研究生論文發表會論文集》，民國95年12月。

〔註18〕 霍建波：《宋前隱逸詩研究》第一章〈隱逸詩述論〉：「所謂隱逸詩，是指：具有一定份量的隱逸思想成份的詩歌，都可稱爲隱逸詩。隱逸詩中的隱逸思想應該包括以下幾個方面的內容：（1）因時局混亂、仕途險惡社會問題而表達避世歸隱願望，尋求人生歸宿的；（2）嚮往山水田園然美景而甘願終老的於此的；（3）描繪種種高雅行徑、閒情逸致等有關隱士生活情調的；（4）直接發表對於隱居、隱士等有關隱逸問題看法的；（5）儘管詩中沒有明顯的隱逸思想，但因其意在言外能夠被後代文人多次論及隱逸問題時作爲典故引用的；等等。具有以上任何一方面的內容，並且該內容佔有一定份量的詩歌，都可稱之爲隱逸詩；當然，一首隱逸詩可兼有以上幾個方面的內容。」（北京：人民大出版社，2006年12月），頁7。

〔註19〕 見《東壁樓集》卷二，《全臺詩》，頁104〈漁浦〉。

〔註20〕 見《東壁樓集》卷六，《全臺詩》頁158。

所以也只有「碧空」與「明月」以及雲煙在身旁繚繞相伴。第五聯首句再度回到聽覺的描繪，松濤的韻律陣陣，順道吹來花草芬芳。在山水間與煙霞神會，所有人間的俗事都可以拋諸腦後。

再看〈幽居〉一首：

> 避塵隱深山，出入扶藜杖。歧路荒草掩，親朋無相訪。
>
> 靜坐幽谷裏，日在碧流傍。青山橫聳起，環列如屏嶂。
>
> 杉松萬重翠，惟聞鳥聲唱。孤山人到少，麋鹿堪為伉。
>
> 瀟灑雲煙外，登臨憑四望。長嘯巖穀應，心清任曠放。
>
> 草廬橫石床，寄傲自安暢。景幽絕世塵，日日獨醉忘。〔註21〕

此詩更寫出嚮往隱居的心情。因隱居在深山，所以無親友相訪；獨自一人在山中，僅有麋鹿為伴，但可盡情飽覽青山、碧流、杉松，登高望遠更可使心情曠放。就算只是草廬石床，仍然心情安適；塵氛俗務，一醉皆忘。而〈山房勝事〉也寫出人與自然美景的諧協成趣：

> 幽人弗使姓名標，結草避塵羞折腰。
>
> 閒步吟詩山鳥和，靜居讀史柏香燒。
>
> 谷中碧樹迎春翠，池內青荷挾雨驕。
>
> 樂得巖泉清景趣，不濡世俗自高超。〔註22〕

〈秋日閒居即事得低字〉一首：

> 避俗居山久，林深少馬蹄。高秋清且爽，幽谷澤無墼。
>
> 獨坐看青岫，閒行度碧溪。
>
> 尋花忘遠近，愛景任東西。紅日帶歸鳥，翠微橫斷霓。
>
> 懸流雜晚籟，落葉亂寒蜺。回看西山上，朦朧天欲低。〔註23〕

也可以看出其「避俗」於山的態度，及對於賞翫美景的心得。

〈過舊山得登字〉一首：

> 離家忽幾歲，秋稔巳三登。荒徑草皆掩，蔓藤人不夌。
>
> 斷橋惟鳥過，野渡無舟溯。道險時更改，堤長幾塌崩。
>
> 山林自景色，溪水猶清澄。籬竹鎖門外，庭梧出閣層。
>
> 光陰多代謝，日月獨鮮恒。幽徑人蹤少，暮天歸寺僧。〔註24〕

〔註21〕見《東壁樓集》卷一，《全臺詩》頁74。

〔註22〕見《東壁樓集》卷五，《全臺詩》頁132。

〔註23〕見《東壁樓集》卷四，《全臺詩》頁155。

寫重登舊山的心情，即使舊地重遊，仍不改其爲遊子的身份與處境。三年後的再訪，荒草藤蔓阻路，斷橋、野渡口、崩堤，堆砌出荒廢的淒涼意象。

　　第五聯筆鋒一轉，雖是道路崎嶇，山水間的美麗景致卻是不變。山中廟宇的竹籬深鎖，內院的梧桐樹已長出屋外，可見時光的流逝，唯有明月亘久不變。

　　詩末，此鮮少有人造訪的山寺中，一位僧人歸來了，將全詩所有的視線集中於畫面內的一點，與空蕩、荒蕪的景象互相對比，形成孤寂的味道。

四、寫禪定之意

　　論及明末遺民山水詩時，還有一特殊的群體，就是隨著明亡後以遁身空門的方式守節的遺民詩僧。在面臨國家滅亡、江山易主的巨變下，這些遺民詩僧選擇了一種與眾不同的自我安頓方式，遁入空門，保全身心的高潔完整，在青燈古佛下沉定自修。邵廷采《思復堂文集‧明遺民所知傳》有記：

> 明之季年，由宋之季年也；明之遺民，非猶宋之遺民乎？曰：節固
> 一致，時有不同。宋之季年，……無強之出者。……至明之季年，
> 故臣莊士往往避於浮屠，以貞厥志。非是，則有出而仕矣。僧之中
> 多遺民，自明季始。〔註25〕

　　鄭經在臺時，對於佛寺的建立不遺餘力〔註26〕，在《東壁樓集》中也有多首詩提及有關寄託禪道以及佛寺、歸隱等素材。明鄭時期除了鄭氏與其大臣在臺灣創建佛寺外，隨著鄭成功來臺的明末遺民，也開始在臺灣創建佛寺。黃宏介在《臺灣佛教史》〔註27〕將明末的清初臺灣佛教定位爲「名士佛教」，

〔註24〕見《東壁樓集》卷五，《全臺詩》頁152～153。

〔註25〕見時志明：《山魂水魄：明末清初烈節詩人山水詩論》（南京：鳳凰出版社，2006年），頁105。

〔註26〕見林謙光：《臺灣紀略‧沿革》（黃哲永、黃福助主編：《全臺文》第62冊，臺中：文听閣出版，2007年），頁98：「成功因改臺灣爲偏東都，設一府二縣。壬寅年五月，成功卒。提督馬信立其胞弟世襲，改號護理。癸卯年，成功之子鄭經從廈門來，與世襲爭國。世襲兵屈退歸，經遂嗣位。後經至廈門，委翁天祐爲轉運使，任國政。於是興市肆、築廟宇，新街、橫街，皆其守建也。」

〔註27〕黃宏介、梁湘潤：《臺灣佛教史》（臺北：行卯出版社，民國84年）指出，臺灣佛教的基本型態，大抵有這著下列幾項：一、庶民佛教：是以鄭氏駐臺前後時期來臺墾殖移民，大抵是屬於「漁」、「農」百姓，在信仰上而言，俱皆虔敬佛法，康雍以後，逐漸形成「在家齋教」的基礎。二、名士佛教：是以明代末葉，反清「流亡名士」諸如明太僕寺卿沈光文，舉人李茂春，名士佛教（居士佛教）在任何一個時代中，都是介於「僧侶」、「貴族」間，也是「法

其特色是以沈光文、李茂春等反清的「流亡名士」為中心所建立的佛教信仰，是介於「出家僧侶」和「在家貴族」之間的佛教，也是一種介於「法理佛教」和「庶民佛教」之間的佛教。特色是宗教常與政治牽扯不清，並且具有強烈的「逃禪」心態，以及濃郁的文學氣質。

此類「逃禪」的心態與行為，不僅在明鄭時代裡的臺灣文人名士身上可得到映證，在鄭經詩集中，也有類似狀況體現。〔註28〕試看〈過舊山得登字〉、〈別山僧得生字〉二詩：

> 離家忽幾歲，秋稔已三登。荒徑草皆掩，蔓藤人不交。
>
> 斷橋惟鳥過，野渡無舟溯。道險時更改，堤長幾塌崩。
>
> 山林自景色，溪水猶清澄。籬竹鎖門外，庭梧出閣層。
>
> 光陰多代謝，日月獨鮮恒。幽徑人蹤少，暮天歸寺僧。〔註29〕
>
> 遠公今別我，山遊盡嶸崢。日入煙霞裡，暮依星月明。
>
> 早行視店火，晚宿聽鐘聲。一砵鍋頭飯，幾根野菜羹。
>
> 荷衣披露濕，草屨踏雲行。遠見秋猿叫，近聞野鶴鳴。
>
> 于今飛錫去，誰能悟三生。〔註30〕

〈過舊山得登字〉寫重登舊山的心情，即使舊地重遊，仍不改其為遊子的身份與處境。三年後再訪，荒草藤蔓阻路，斷橋、野渡、崩堤，堆砌出荒廢的淒涼意象。後第三聯筆鋒一轉，雖是雜蕪的舊途，山水間的美麗景致卻是不變。山中廟宇的竹籬深鎖，只可見內庭的梧桐樹已長出屋外，可見時光的流逝，唯有明月互久不變。詩末，此鮮少有人造訪的山寺中，一位僧人歸來，於是將全詩所有的視線集中於畫面內的一點，與空蕩、荒蕪的景象互相對比，形成一種孤寂的味道。而〈別山僧得生字〉在離別的愁緒中，帶著對人生的體悟，不乏理智的反省。以整體的詩意而言，鄭經通過山水實體色相，闡述詩人對自然、對人生以及佛性禪理頓見自性的感知穎悟。以自然淡薄，穎悟的心靈感應，盡力在山水之間呈顯千山空靈遼遠、無罣無礙的詩禪詩意。回歸作品

理佛教」與「庶民佛教」的中間層次。名士、仕紳、官吏與寺僧間常有酬對。三、僧侶佛教：明代末葉之佛教僧侶。而明末清初的臺灣，正屬於第二類的「名士（居士）佛教」。

〔註28〕參見楊惠南：〈明鄭時期臺灣「名士佛教」的特質分析〉，《臺灣文獻》第53卷第3期，頁1～38。

〔註29〕見《東壁樓集》卷五，《全臺詩》頁152。

〔註30〕見《東壁樓集》卷五，《全臺詩》頁155。

本身，在詩作意境的創造上，鄭經並沒有刻意去追覓清空含蓄和似有若無的自然神韻，僅是平鋪直敘眼前所見所聞，形成自然簡單卻清晰的畫面。

以上諸作，鄭經並沒有刻意去追覓鏤金織錦的詞句或清空含蓄的神韻，僅是平鋪直敘眼前所見所聞，形成樸直自然卻清晰的畫面。

鄭經因身分及所處時代背景的特殊性，肩負復國重任也常發遷客騷人之思。但有別於其他明亡（桂王被吳三桂所弒）後，擅於書寫經歷黍離之作的亡國詩人如盧若騰、王忠孝，甚至其父鄭成功……等，鄭經的山水詩常見的是風光的覽記和表現自己「生來性放曠，興起獨遨遊」〔註31〕近於隱逸的放曠的本性；在既「窮」又「達」的「君逸之心兩隆」處境下，最後僅能歸於逃避及放縱。但由於其交遊甚少，因此在「閒居生寂寞」〔註32〕、「臨水動詩懷」〔註33〕時，就有創作誕生，最終也只能「終歲邀明月，穿窗伴白頭」，〔註34〕形成獨自賞翫美景且避俗歸隱的意象。

第二節　江畔即景

有關江邊風光的詩歌，在《東壁樓集》中約有四十餘首，佔百分之十。依其內容又可分為描寫海門情景的碼頭津渡之作，及泛舟放船時之所見所感的詩歌兩類。

一、碼頭津渡

《東壁樓集》中碼頭津渡的詩歌，多數描寫的是遊子羈旅心情，時間點多為黃昏傍晚，以落霞與歸鳥作背景。如〈暮行河堤上得佇字浮字〉：

> 曳杖岸上頻延佇，風度江來消炎暑。
> 暮天落日橫滄波，海色殘霞依遠渚。
> 微雲歸鳥故飛飛，映樹殘陽何楚楚。
> 返照青山翠欲流，長江一望看無阻。
> 紗紗孤帆水上浮，乘風飛過若輕鷗。
> 滿帆帶盡明月影，依浦漁火徹沙洲。

〔註31〕見《東壁樓集》卷八，《全臺詩》頁174。
〔註32〕見《東壁樓集》卷三，《全臺詩》頁110。
〔註33〕見《東壁樓集》卷三，《全臺詩》頁117。
〔註34〕見《東壁樓集》卷八，《全臺詩》頁174。

頻看景色幽無限，一江波浪自悠悠。〔註35〕

又如〈蘆花映釣船〉：

> 海門餘落日，幽景滿芳洲。岸樹飄丹葉，蘆花亂碧流。
>
> 紛紛飛水渚，片片逐漁舟。對此清淒色，雲山無限愁。〔註36〕

海門日暮西山的夕陽晚霞散落在沙洲上，岸旁樹葉被霞色染紅，飄落的蘆花在河中漂流。葉與花隨風跟著漁船紛飛，日暮的景色，遠飛的丹葉蘆花，更顯得景色淒涼，望之酸楚。

另如〈浦口山得潮字〉：

> 浦口青山水際遙，朝朝惟有霧煙饒。
>
> 天晴日色開蒼翠，風動波光入畫描。〔註37〕

寫浦口的景色，有綠水盪漾，煙霧圍繞，宛如畫圖一般。

〈駐師澎島除夜作得江字〉：

> 舳艫連遠漢，旗旆蔽長江。帆影掛山路，波聲度石矼。
>
> 人家點遠浦，萇草隱孤艭。旗動亂雲色，鼓鳴雜水淙。
>
> 淒淒寒夜火，寂寂客船窗。漏盡更新令，春暉照萬邦。〔註38〕

寫戰船的氣勢和復國的期望。〈落日〉〔註39〕、〈寄興〉〔註40〕則為晚來寂寞，一人獨自在津渡的心情寫照。

又如〈遠客悲歸雁曉出欲問津〉一首：

> 閱歷東西忽幾春，乍聞歸雁過天津。
>
> 夜深枕伴殘燈影，曉起衣沾濕露塵。
>
> 山裏孤村雲靄靄，溪邊古渡荻蓁蓁。
>
> 他鄉寄客悲心急，日日江頭不厭頻。〔註41〕

〔註35〕見《東壁樓集》卷二，《全臺詩》頁 107。
〔註36〕見《東壁樓集》卷三，《全臺詩》頁 126。
〔註37〕見《東壁樓集》卷六，《全臺詩》頁 159。
〔註38〕見《東壁樓集》卷五，《全臺詩》頁 156。
〔註39〕見《東壁樓集》卷五，《全臺詩》頁 154，〈落日〉：「滄波盤落日，餘影與流西。天霽開峰樹，煙輕見嶺蹊。荻花如帶雪，楓葉若懸緹。碧水含殘照，翠微橫斷霓。暮僧歸野寺，樵子度荒溪。幽谷松風響，空山澗鳥啼。秋天雲紗紗，景色更清淒。」
〔註40〕見《東壁樓集》卷四，《全臺詩》頁 139，〈寄興〉：「縹緲孤雲逐鳥歸，空山樹色麗春暉。紅霞映日隨波闊，紫岫凝煙繫翠微。返照流中覺晃晃，餘光海際任依依。隔江夜火如星點，漁艇夕昏來往稀。」
〔註41〕見《東壁樓集》卷四，《全臺詩》頁 129。

寫時間的消逝，對於故園的想念，在歸雁南返過冬的時候更加強烈。這樣的
思念讓人晚間失眠，白天望江興歎。

在江邊碼頭所見的景象，落日餘暉、落葉紛飛、北來歸雁、他鄉寄客等
意象，觸景生情的表現，堆疊出濃濃的思鄉情懷。

二、泛舟放船

此類詩作描寫泛舟放船時所見景色，表現出恬適的心情或放曠、嚮往自
由的態度。例如〈花島〉：

> 春氣日和暖，春風度小洲。林花皆鬱鬱，蜂蝶自悠悠。
>
> 倒影隨波動，落英逐水流。駕舟尋古嶺，轉入愈清幽。〔註42〕

首聯點明季節，將河岸明媚風光寫入詩中，春日乘舟出遊時，和暖的氣候，
溫和且舒適；二聯寫林間花草翁鬱和隨之而來的蜂蝶，正是呼應了題名「花
島」；花蝶紛飛的畫面，亦增加豐富的視覺效果。接著視線往水面上看，景物
的倒影跟著水波搖搖蕩蕩，加上落花與流水的景象，堆疊起一片閒靜的氣氛。

另如〈漁歌入浦深〉一首，乃偏重「聽覺」之描寫，寫歌聲的忽遠忽近、
乍有乍無：

> 終歲泛舟在碧溪，朝朝露宿與雲棲。
>
> 清音繞樹盈雙岸，短唱零楓遍遠堤。
>
> 兩岫幽巖煙靄靄，一江孤渚草萋萋。
>
> 歌聲杳出浦深處，乍有乍無聽卻迷。〔註43〕

在布滿朝露與雲霧的碧溪放船，岸旁傳來清新的歌聲，有時短唱低吟如同綿
延堤畔的零落掉下的楓葉般。目覩雲煙環岫，芳草盈洲，直教人樂而忘返。〈雨
後漁舟晚歸謳歌〉：

> 乍雨初晴翠晚山，漁舟解纜出雲間。
>
> 乘風鼓棹隨流水，獨酌謳歌度歲寒。〔註44〕

寫雨後的傍晚放舟外出，舟行於雲霞未散時，沒有刻意要往哪裡走，就隨著
風向和水流隨波而行，雖有「惟任一江風」自適自由的時刻，卻僅獨自一人
在舟中獨飲放歌，透露出悲涼孤寂的氣氛與心情。〈掛席江上待月有懷得濱字〉：

〔註42〕見《東壁樓集》卷三，《全臺詩》頁127。
〔註43〕見《東壁樓集》卷四，《全臺詩》頁132。
〔註44〕見《東壁樓集》卷七，《全臺詩》頁165。

解纜出江濱，一天清絕塵。孤帆搖遠宿，輕棹動高旻。

停槳待遊鷺，坐思憶故人。風清波影靜，雲淡月光新。

長夜誰爲侶，孤舟可作鄰。此心無限恨，聊與酒相親。〔註45〕

寫在舟中待月的景況，停船之後又撩撥起對故人無處抒發的思念，最後只能借酒澆愁。

其他如〈春泛溪〉〔註46〕、〈江幹對酌〉〔註47〕、〈秋風解纜〉〔註48〕、〈放舟盛漲得溢字〉〔註49〕、〈放船〉〔註50〕等，均爲此類作品，筆觸輕鬆，但卻帶有孤獨的愁緒，雖不濃厚，但在歡樂出遊的樂景中，更顯得情感與景色的反差。

第三節　海洋素描

海洋雖與其他自然界的事物一樣，沒有生命意志，但文人總能在它身上找到寄託。有的追求人生價值，有的追求獨立人格，有的嘆息人生悲苦，有的不滿社會現實。

在崇尙海洋英雄氣勢的作品中，表現出的是一種精神、一種思想、一種觀念，和時空背景有密不可分的關係。

《東壁樓集》中「海洋素描」的詩歌，烘托出了臺灣此一海島國家的特殊性。試看鄭經〈觀滄海〉：

〔註45〕見《東壁樓集》卷五，《全臺詩》頁153。
〔註46〕見《東壁樓集》卷四，《全臺詩》頁147，〈春泛溪〉：「尋春行澗轂，散步陟江皋。興起揮輕棹，水深沒短篙。拂煙隨岸柳，含露武陵桃。淋雨瀟瀟下，渾流滾滾滔。群鷗隨巨浪，孤艋乘洪濤。漁父歌清曲，舟人酌濁醪。晚霞捧日落，山月夜彌高。」
〔註47〕見《東壁樓集》卷四，《全臺詩》頁130，〈江幹對酌〉：「碧流遠出轂聲潺，俯入平川到海間。懸壁重松列錦嶂，清溪疊石落星灣。乘風鼓棹一江水，弄月歡吟兩岸山。共酌數杯渾欲醉，孤舟辛夜和歌還。」
〔註48〕見《東壁樓集》卷三，《全臺詩》頁125，〈秋風解纜〉：「好風將解纜，舟子拔賊舸。倏忽千重岫，微茫萬裏波。育風斜水渡，飛鳥逐帆過。獨坐憑虛去，長吟致自娑。」
〔註49〕見《東壁樓集》卷一，《全臺詩》頁89，〈放舟盛漲得溢字〉：「山中夜雨晴，河水忽洋溢。放舟萬頃陂，中心自縮慄。蕩蕩望無邊，溟溟惟接日。沙洲皆淹沒，故道亦已失。兩岸小峰巒，絕頂露岑崒。江中皆亂石，流波頻漩潏。水深沒漁篙，舟過無滯窒。隨波輕萬裏，遠際孤煙出。沂棹遙尋岸。望煙知村室。」
〔註50〕見《東壁樓集》卷三，《全臺詩》頁114，〈放船〉：「輕舟下淺瀨，惟見激湍喧。瞬息連更裏，徬徨幾斷魂。危流千仞落，遠岫萬重奔。日暮荒山裡，歸鴉識野村。」

> 蕩蕩臨滄海，洋洋渙碧波。日月若湧起，星辰盡滂沱。
>
> 乘風飛巨浪，聲如發怒訶。呼吸百川水，藏納不爲多。
>
> 環轉連天地，華夷在盤渦。大哉滄海水，萬裏未盡邁。〔註51〕

寫海洋的遼闊景象，日月在海上升騰湧起，星辰也在汪洋大海中升落。風起時，波浪翻飛，海濤聲和風聲交錯就如同怒吼一般。如此寬闊的海水，是吸納集合百川之水而成，身爲王者的鄭經，更能體會到「泰山不讓土壤，故能成其大；河海不擇細流，故能就其深」的道理。

涵天蓋地的海洋充滿視線之中，整個宇宙似皆於此出，遼闊又廣大，即使千里之外也彷彿沒有盡頭。

同樣的海洋，面對不同的人物背景，產生不同的感受。《三國志・魏書・武帝記》載，東漢建安十二年（207）曹操北征烏恒途中，曹操登臨碣石觀覽滄海，作〈步出夏門行・觀滄海〉一詩：

> 東臨碣石，以觀滄海。水何澹澹，山島竦峙。樹木叢生，百草豐茂。
>
> 秋風蕭瑟，洪波湧起。日月之行，若出其中；星漢燦爛，若出其裏。
>
> 幸甚至哉！歌以詠志。

曹操看到海水的洶湧浩蕩，寫出滄海平靜時和起風時的狀態，讚美東海邊山島巍巍聳立、草木繁盛，以及大海吞吐日月包孕群星的壯闊氣勢。曹操被大海浩偉的氣勢感染，想到了自己的人生，浩淼連天的大海正符合其當時的襟懷氣魄，於是更堅定了他建功立業的信心。

比較鄭經與曹操兩人，其共通處在於皆爲末世的掌權當政者，上引鄭經〈觀滄海〉詩，作品風格大致與曹詩相似。作爲王者與文人，面對大海的壯闊與蒼茫，其宏偉的政治抱負與悲壯的家國情懷，在胸中雜糅交集，流露於筆端，產生豐富意象，激情奔湧且用語樸實。

另外如〈臨江〉：

> 俯臨長江水，洋洋萬里波。星辰若維繫，天地盡包羅。
>
> 蛟龍翻浪舞，乘朝拜白黿。無限秋景色，起詠大風歌。〔註52〕

也可見鄭經王胄豪邁的氣勢與胸襟。

又〈紅見海東雲〉：

> 月落天將曉，蕭索動秋晨。微光連靉靆，彩霞遍九濱。

〔註51〕見《東壁樓集》卷一，《全臺詩》，頁72。
〔註52〕見《東壁樓集》卷一，《全臺詩》，頁81。

輕煙逐風捲，宿霧繞蒼旻。影動龍蛇舞，爛漫若披鱗。

滄波出處所，白雲隱紅輪。〔註53〕

寫早晨海邊的景色，在月亮隱沒、天色未明之際，顯得灰冷蕭條；突然一絲日光透射出雲層，頓時彩霞映照的光彩，撒滿海濱；天空的雲氣漸漸隨風散去；這時的海面波光粼粼，海波就如同龍蛇飛舞。遠處的海天邊線處，一輪紅日，在白雲後若隱若現。在整片大地寂靜蕭索的色調裡，突顯出紅日的鮮亮的視覺效果。

又〈海望得窩字〉一首：

滄波一望接天窩，茫茫無隙漏纖毫。

朝風疊起千層浪，潮聲夜靜如怒號。

包羅天地垣垓內，星月浮沉出波濤。

天晴蜃樓常吐氣，霧中陰靄翻山鰲。

萬斛海航隨波出，遠看猶如一鴻毛。

欲窮四望無邊際，平明霽色陟江皋。〔註54〕

遠遠望去，滄海的波濤與天際相接，天與海共一色，彷彿毫無接縫的完美契合。風過，波浪層層翻起，海潮聲在夜間如怒吼又如哭號。海洋的廣闊直可包羅天地之大，日月星辰都在海上升騰隕落。天氣晴朗時，常出現由光線折射所產生的樓閣、城市等海市蜃樓的虛幻景像，山中霧氣雲煙其都因為陽光的照射蒸發。站在山頂望向海洋，遠處的點點帆船隨波浪出航，遠望如同毫毛細小，若是想一覩四望無際的遼闊景象，就在晴朗的早晨，往海邊走一趟吧！

另外如〈江樓遠眺〉〔註55〕、〈海靜月色真〉〔註56〕、〈江山非故園〉〔註57〕、

〔註53〕見《東壁樓集》卷一，《全臺詩》頁83。

〔註54〕見《東壁樓集》卷二，《全臺詩》頁106。

〔註55〕見《東壁樓集》卷二，《全臺詩》頁94，〈江樓遠眺〉：「高樓近水水生煙，朝棲白雲天與連。水靜風微千波碧，漁舟獨釣入雲邊。孤帆曉隨寒潮水，輕棹暮歸明月淵。日落返照江山麗，滄溟霧收疏星繫。江樓遠望景悠悠，無限長江波瀲瀲。」

〔註56〕見《東壁樓集》卷四，《全臺詩》頁135～136，〈海靜月色真〉其一：「霧斂風恬月露形，環江浪靜列晶屏。清波遠際傳書鯉，魄桂懸空掩爀螢。綠海沙中棲雁足，碧宵雲裏影霜翎。縱觀景色幽無盡，不覺孤輪午夜停。」其二：「滿江巨浪息無形，映海太陰環玉屏。兩岸漁舟如落鷺，一天星斗若飛螢。清輝潮影動龍甲，耀彩露光渾鶴翎。萬里雲收波上月，碧波明月共流停。」

〔註57〕見《東壁樓集》卷四，《全臺詩》頁136，〈江山非故園〉：「綠海波流西復東，

〈題東寧勝境〉〔註58〕、〈題閱江別圖〉〔註59〕……等詩篇,都是《東壁樓集》中海洋書寫的代表作。

第四節　征戍閨怨

「閨怨詩」是指抒發婦女怨恨的詩;而「征戍詩」則是內容涉及軍事征戰與邊關戍守一類的詩歌作,是以充沛的感情、剛健的筆觸,描寫壯麗的邊塞風光,豪邁慷慨的軍旅生活,以及幽怨悲涼的征夫之恨。

「閨怨詩」自古與「征戍詩」就是帶著曖昧的裙帶關係,「閨怨」的原因是「征戍」,又因「征戍」而生「閨怨」。中國最早的閨怨詩收錄在《詩經》,〔註60〕詩中的情緒傾向以寂寞、怨恨、惆悵居多,後世的閨怨大都不出此範圍。

在《東壁樓集》中,有不少征戍、閨怨類型的作品,征戍多寫戰士心情,閨怨多用女性第一人稱的細膩口吻發為詩歌。想必是因鄭經的戎馬生平及其個人志向,提供了「閨怨」、「征戍」詩歌作品的寫作素材與靈感。

以征戍言,如〈關山月得袖字〉:

> 萬里關山月,長照征夫袖。碧漢絕纖雲,清輝如白晝。
> 明月故鄉同,山水異方秀。城頭夜柝鳴,空山啼猿狖。
> 旌旗卷暮煙,畫角熒朝宿。將軍不解甲,令嚴謹烽候。
> 何日靖胡氛,歸獻單于首。〔註61〕

從「萬里關山月」一句悲壯的氣象先出,接著又描寫夜柝鳴、猿啼的孤寂感,然後視角帶到飄飄的軍旗伴著暮煙,蒼涼氣氛一湧而現;最後從景物轉到人事——將軍不脫戰衣,嚴守邊防,一定要掃靖狼煙!征戍所見所感,透過鄭

新城瑞氣遶簾櫳。故園深趣猶堪賞,舊國中宵還入夢。舞罷更殘常耿耿,醉餘胆苦自忡忡。江山景色雖然異,風月清輝萬里同。」

〔註58〕見《東壁樓集》卷三,《全臺詩》頁127,〈題東寧勝境〉:「定鼎寧都大海東,千山百嶂遠橫空。芳林迥出青雲外,綠水長流碧澗中。兩岸人煙迎曉日,滿江漁棹乘朝風。曾聞先聖為難語,漢國衣冠萬古同。」

〔註59〕見《東壁樓集》卷三,《全臺詩》頁128,〈題閱江別圖〉:「閱江別圖聽潮聲,曉起草亭景物清。石徑花間雙舞蝶,竹窗樹裏一啼鶯。遠山雨過色增翠,大海風微浪自平。高臥停杯謾獨酌,須待月到三更。」

〔註60〕寫征婦思君的〈君子于役〉、寫棄婦獨白的〈氓〉和〈穀風〉、寫急婚女子情懷的〈摽有梅〉都是《詩經》中閨怨詩的代表。

〔註61〕見《東壁樓集》卷一,《全臺詩》頁88。

經的筆端躍然紙上。

在《東壁樓集》的閨怨詩中，鄭經多以第一人稱口吻書寫閨怨心情，例如〈覽鏡〉：

> 閨女開鸞鏡，臨粧皺雙眉。蒼髮今將白，君歸未可期。
>
> 明月時相照，秋風肅冰肌。紅顏雖能改，舊情猶可思。〔註62〕

其他如〈秋閨月得暮字〉〔註63〕、〈初冬〉〔註64〕等等皆然。此類詩作可視爲作者對於明朝皇室懷戀期盼心情的寄託與表白，與《東壁樓集・自序》中「無非西方美人之思」之語相映證，因此可說是《東壁樓集》中極具意涵和弦外之音的作品類型。〔註65〕

第五節　家國情懷

永曆十四年（1660）桂王在雲南被弒，十五年（1661）鄭成功病逝，鄭經在「文人」與「領導者」雙重身份重疊下，對於家國的情懷可分爲兩層心理結構，一是復國遠大志向的表現，一是對於故國的懷想追思。

鄭經將在臺十年詩作《東壁樓集》付梓刊行，目的是「以明己志」，所以詩作中不難看出兼有宣傳、鼓舞的用意。〔註66〕除此之外，自古以來，文人們的思鄉之情與異域之感常因景而動，他們同樣在創作中盡情吟詠著鄉愁和歸思，陶淵明詩「羈鳥戀舊林，池魚思故」，即人類對故地之思解釋爲一種與鳥獸同有、與生俱來的天性。而追隨鄭成功來臺的族群的後代，因久居臺灣而習慣一切，故「恢復國土」的信念也逐漸變成在臺灣「重現故國家園」的

〔註62〕見《東壁樓集》卷一，《全臺詩》頁85。

〔註63〕見《東壁樓集》卷一，《全臺詩》頁90，〈秋閨月得暮字〉：「秋天淒日暮，東方懸玉兔。明月侵簾帷，獨照孤人步。淅淅秋風生，起我思君愫。妾伴閨中月，君倚塞上露。無限長相思，將欲其誰訴。千里寄情言，難罄雙尺素。寂寞怨夜長，空把更籌數。」

〔註64〕見《東壁樓集》卷二，頁99，〈初冬〉：「十月初冬風颭颭，登樓遠望起情懷。江上草木多淒楚，殘菊落英飛滿階。霜雪紛紛何飄墜，空山樹影半沉埋。閨中少婦望夫臺，朝朝頻看梅樹開。南枝始發小花萼，北幹猶然未含胎。觸目相思減紅臉，輾轉千端恨難裁。夜靜寒氣吹衾冷，孤枕斜依淚滿腮。歲月催人人易老，紅顏等君君不來。君不來兮妾無色，歸何時兮解吾懷。我念君兮意皇皇，君於心兮寧惻惻。」

〔註65〕有關閨怨詩的創作心態，在本文第五章第二節另有詳述。

〔註66〕參閱龔顯宗：〈初論《東壁樓集》〉，（《第七屆清代學術研討會論文集》），2002年3月，頁362〜363。

行為。〔註 67〕這兩種心理結構都可歸於鄭經對國家的想望。因此在詩作中除了可以看見他整戈待旦的復國志氣，也可看見他懷想故國的思念心情。

例如〈不寐〉是寫待時而動，一舉復國的豪情：

寂寞常不寐，中夜獨長籟。腥氛滿天地，中原盡狼胡。

政令出群小，誅戮皆無辜。萬姓遭狼毒，誰能振臂呼。

聞風常起舞，對月問錕鋙。聽潮思擊楫，夜雪憶平吳。

遵養待時動，組練十萬夫。〔註 68〕

而〈獨不見〉中亦可見鄭經積極練兵、勵精圖治：

腥膻滿中原，林木巢胡燕。天子蒙塵出，皆繇諸臣譴。

壯士懷激烈，忠心在一片。義旗照天地，驛絡蔽日晛。

徒苦諸群黎，作計良不善。胡騎一朝至，人人自為變。

我今興王師，討罪民是唁。組練熊羆卒，遵養在東洶。

企望青鸞至，年年獨不見。〔註 69〕

在鄭經剛健不息的復國情志中，亦有對家鄉故國的鐵漢柔情，在《東壁樓集》中不難窺見。如〈山城村火〉：

獨步高樓曲檻憑，遠看村舍倚岑層。

重林日暮寒煙繞，芳草秋深冷露凝。

星月光輝搖萬戶，山城寂寞隱千燈。

隔江遠望情無限，幾點殘更夜氣澄。〔註 70〕

這種獨自登高憑欄望遠的心情，與一般漂泊異鄉的羈客無異。

鄭經對於家國社稷的關心，也表現在擔憂民瘼以及書寫民樂的詩篇中。例如臺灣島常有颱風豪雨之患，但有時又苦於乾旱，不利農民種作，於是鄭經有詩〈祈雨未應自罪三章〉：

祈雨不來心未虔，皆繇予罪深如淵。

昊蒼若憫萬黔苦，早賜飛雲觸石天。

憂心祈祝須承虔，罪過深重若九淵。

俯看吾民哀謳苦，一聲呼雨一聲天。

〔註 67〕見徐忠懋：《臺灣人沒落的貴族》，（臺北：時報出版），1988 年。

〔註 68〕見《東壁樓集》卷二，《全臺詩》頁 100～101。

〔註 69〕見《東壁樓集》卷一，《全臺詩》頁 74。

〔註 70〕見《東壁樓集》卷四，《全臺詩》頁 146。

罪深山重降災燼，殃我群黎如此窮。

惟望昊天憐萬姓，罰怒責過在予躬。〔註71〕

此詩充分表現鄭經愛民恤民的仁慈之心，及「罪在朕躬」的胸襟。其他如〈望雨〉〔註72〕、〈喜雨〉〔註73〕也是此種心情下的深刻體悟。從〈茅屋為風破得發字〉：

昨夜秋風發，陰雲起淳淳。驟雨如傾注，隨風亂飄突。

卷我茅簷盡，屋下成營窟。被帳盡沾濡，冷氣侵病骨。

倏忽天色清，疏棟漏明月。鄰雞催蕭晨，紅日掛溟渤。

扶杖出門看，樹木皆杌杌。山草如火焚，墙垣盡已沒。

仰天徒欷歔，誰肯憐白髮。〔註74〕

也表露出他關懷民瘼的感情。

〈卜居〉〔註75〕是鄭經擔憂世風日下，戰事、爭執不停的生活令他難以安睡。以上諸作，都是對於家國情懷的書寫。可見明鄭經不再只有依依不捨的故國之思，亦有重視臺灣黎民百姓的心態與作為。

第六節　詠史弔古

詠史詩是以歷史「人物」或歷史「事件」為題材的詩歌，如果從詩人寫作意圖角度來考慮，或是表明自己對歷史人物或歷史事件的觀點，或是借此抒發對朝政或對自身處境的心得看法，或是借此揭示自己所發現的歷史規律。

《東壁樓集》詠史弔古的詩歌主要是描寫史蹟史事，大都發出長篇平鋪直述的敘事方式。例如〈劍客得義字〉一首：

劍術久其言，古今傳此事。來往無定蹤，棲止難尋值。

〔註71〕見《東壁樓集》卷八，《全臺詩》頁168。

〔註72〕見《東壁樓集》卷四，《全臺詩》頁129，〈望雨〉：「炎天苦熱如臨深，旱色常多帶重陰。萬姓瞻呼祈雨潤，寸衷密祝喜龍吟。愧無引咎成湯效，休羨歌薰大舜琴。惟冀雲行膏澤沛，群黎洗盡舊憂心。」

〔註73〕見《東壁樓集》卷四，《全臺詩》頁90，〈喜雨〉：「永日憂焚望雨時，海天風電乍紛披。雲霓交集碧空暗，民物遍沾膏澤熙。鼓腹高吟多稼曲，揮琴載詠芃苗詩。喜深夢寐轉驚覺，惟願年年勿失期。」

〔註74〕見《東壁樓集》卷一，《全臺詩》頁90。

〔註75〕見《東壁樓集》卷一《全臺詩》頁82，〈卜居〉：「世情日趨下，風景異古初。習俗多驕悍，善道弗磋磨。朋黨互相稱，崛強者揮鋤。兵革無休息，仰天徒欷歔。焦思常不寐，一夜三起予。欲得庶事稱，宜先擇人居。」

　　出入雙劍佩，許諾不攜二。劍舞如雪紛，手足看不出。

　　映日搖電光，全身生火熾。擲起雙雌雄，空中若龍跂。

　　一見駭人心，觀者魂魄墜。行走疾如飛，千里可立致。

　　扼強常扶弱，殺盡貪酷吏。黃金非所尚，所尚在高義。〔註76〕

此詩即以「劍客」為主題加以抒發。在唐傳奇中，人們對於動亂的社會無能為力，便寄希望於鋤強扶弱、伸張正義的俠客，因此不畏強暴、本領非凡的俠客即成人們心目中的英雄。

　　鄭經歌詠劍客的行為事蹟，讚揚自唐傳奇以來的「俠」精神，用誇飾的手法寫出武功高強的劍客，舞劍的迅速如同紛紛落下的雪花，現身時又如電光火石般，雙刀在身，行走如飛，視財富名利於無物，而以扶弱濟貧、鋤奸除惡為職志。從此詩可以看出鄭經心之所尚，看出其性格與志趣。

　　又如〈詠史〉一首：

　　屏列左右皆圖史，俱備古今臧與否。

　　春秋直筆魯仲尼，百事三皇五帝起。

　　大舜殛鯀於羽山，夏禹勳成藏父鄙。

　　桀虐肉林酒為池，成湯放桀誅妹喜。

　　殷受始作炮烙刑，周武會師殺妲己。

　　漢高豐沛興義師，群英蜂起逐鹿麑。

　　三國分爭鼎足成，司馬篡位奪玉璽。

　　晉朝諸子孫，皆可為犬豕。

　　晉末五胡亂中原，太宗始出冒鋒矢。

　　唐後五代多篡弒，人君猶如朝露水。

　　宋祖陳橋袍加身，息兵杯酒不多齒。

　　高宗南渡將如林，甘心臣貢而不恥。

　　奸臣誤國害忠良，信讒不悟信到死。

　　歷代興亡盡於茲，為君可不寒骨髓。〔註77〕

〔註76〕見《東壁樓集》卷一，《全臺詩》頁91，〈劍客得義字〉：「劍術久其言，古今傳此事。來往無定蹤，棲止難尋值。出入雙劍佩，許諾不攜二。劍舞如雪紛，手足看不出。映日搖電光，全身生火熾。擲起雙雌雄，空中若龍跂。一見駭人心，觀者魂魄墜。行走疾如飛，千里可立致。扼強常扶弱，殺盡貪酷吏。黃金非所尚，所尚在高義。」

〔註77〕見《東壁樓集》卷二，《全臺詩》頁100。

以七言雜以五言的詩體，寫出歷史的遞嬗推移，且多發評論做爲自身借鏡，以自戒自勵。

另外對於歷史上的眞實人物，鄭經亦有讚揚歌詠之作，如〈贊漢高帝〉：

> 群英起逐鹿，壯志出從戎。手執斷蛇劍，身跨追電驄。
>
> 瑞雲芒澤上，紫霧碭山中。破楚還豐沛，狂歌聲氣雄。〔註78〕

對於漢高帝的讚揚之詞，也可看出其本人理想中帝王典範。

又有〈王昭君〉：

> 薄命佳人出塞遙，掖庭明詔配天驕。
>
> 卻將心緒寄愁弄，漠漠風沙望漢朝。〔註79〕

雖可看作是閨怨詩的一種，但言外之意是推崇漢元帝時王昭君爲漢與匈奴之間的和平所做出的貢獻，值得後人效法。

第七節　狀物興感

詠物詩，是指以客觀的「物」爲描寫對象，或刻劃它的色彩與形態，或藉以抒懷興感的詩作。世間萬物，如花草松竹、鳥獸蟲魚，都有著自己生長、生活的規律，文人面對外物，所思所感，行諸筆墨，便產生了詠物詩。

「物」引發了詩，而詩又通過對「物」作形象的描繪，賦予「物」以美感。詩人還常常希望能借物表達出自己的理想和志向，或者表明自己對某些事物的看法，這便是寄託。〔註80〕

綜觀《東壁樓集》中，鄭經常以秋冬季節傲霜挺立的松、梅或菊來寄託自己忍辱負重、臥薪嘗膽的精神，如〈嶺松〉：

> 千年一古樹，突兀出崚嶒。亭亭如麾蓋，白雲傍根生。
>
> 影垂千丈外，日入紫煙橫。盤桓龍蛇甲，寒歲獨逞榮。
>
> 一朝風霜降，爲君起秋聲。〔註81〕

又如〈菊〉：

> 苑內紅紫橫接籬，千株一望獨猗猗。
>
> 夜來微雨濯塵垢，濃花如怯半低垂。

〔註78〕見《東壁樓集》卷三，《全臺詩》頁 110。
〔註79〕見《東壁樓集》卷八，《全臺詩》頁 171。
〔註80〕參見管士光選注：《詠物詩》，（人民文學出版社，2003 年 1 月）。
〔註81〕見《東壁樓集》卷一，《全臺詩》頁 78。

　　曉晴映日增嫵媚，迎風影動舞傲傲。

　　碧蕊宛如懸珠玉，綠幹枝頭霜雪披。

　　黃金重葉朱英燦，又似美女染唇脂。

　　紅萼翩翩欲起舞，酡若吳宮醉西施。

　　休誇春花能獨艷，秋盡冬來逞霜枝。〔註82〕

雖然立意無創新特出之處，依舊照著古來的「詠物詩」書寫模式進行創作，
但仍可見其心志與精神嚮往處。

　　《東壁樓集》中的詠物詩，吟詠花草植物為數最多，松、柏、梅、菊之
外，其他如〈竹裏〉〔註83〕用湘妃淚之典故，〈薔薇篇〉〔註84〕寫薔薇的嬌豔，
〈採芙蓉得枝字〉〔註85〕寫莫待花盡的積極，〈旱地蓮〉寫蓮花「不貪清澗成芳
艷，偏依陸地逞妖嬌」〔註86〕的特殊。另外，詠〈蒹葭〉〔註87〕、〈葡萄結秋
實〉，〔註88〕〈詠桂〉〔註89〕、〈詠蘭〉〔註90〕、〈詠茉莉〉〔註91〕等詩都是鄭

〔註82〕見《東壁樓集》卷八，《全臺詩》頁169～170。

〔註83〕見《東壁樓集》卷一，《全臺詩》頁79，〈竹裏〉：「環水青琅玕，翩翩葉翻覆。
　　　　玉筍破苔痕，參差盤根蔟。日月移幹影，蓊鬱鳳栖宿。垂枝密有陰，可以對
　　　　披腹。湘妃淚遺種，今生在漪澳。」

〔註84〕見《東壁樓集》卷一，《全臺詩》頁88，〈薔薇篇〉：「薔薇開滿架，高低僅數
　　　　尺。枝葉何蒙籠，曲檻半遮隔。紅綠爛庭陰，日光照無隙。著雨不自勝，顛
　　　　倒任風擘。花開艷且香，弱幹逞鋒戟。飛鳥不敢樓，蜂蝶穿亦莫。採花刺牽
　　　　衣，香露濕玉舄。清馥隨風揚，吹吹入幽宅。」

〔註85〕見《東壁樓集》卷一，《全臺詩》頁92，〈採芙蓉得枝字〉：「長江數里遠，芙
　　　　蓉夾水湄。花深人不見，惟聞鳥聲悲。曉起煙未開，曚曚影參差。枝刺亂交
　　　　錯，花葉自葳蕤。橫斜出水際，綠蒂吐霜姿。迎風飛欲舞，宿露半低垂。色
　　　　白宛如玉，微茫帶紅絲。日光出初映，更似染胭脂。淡紅燦水色，嬌艷耀日
　　　　義。爛熳兩岸上，一望若霞披。碧流搖荷影，舟行落花隨。秋天只此景，莫
　　　　待花盡時。停橈依樹下，伸手折纖枝。」

〔註86〕見《東壁樓集》卷二，《全臺詩》頁98～99，〈旱地蓮〉：「關家陸地昔遺種，今
　　　　生小苑傍樹聳。青青仰葉出月陂，朝起承露明珠捧。白萼綠蒂紫錦邊，參差獨
　　　　自露芳妍。燁燁迎風開笑臉，曉天雲霧五色煙。日出熳爛映苞蓼，平原如鋪紫
　　　　茸氍。十丈碧藕龍蛇伏，玉莖莎邊遍地穿。遊人倒屧蹴蓮苗，藕折絲垂風輕飄。
　　　　不貪清澗成芳艷，偏依陸地逞妖嬌。採女無用理畫艇，嫩枝弗怯木蘭橈。吸盡
　　　　雨露自潤澤，芳房休傍綠波漂。溪水空流無花影，寂寞畫亭減風景。」

〔註87〕見《東壁樓集》卷三，《全臺詩》頁113，〈蒹葭〉：「八月涼天氣，金風百鍊剛。
　　　　弱枝隨委折，輕絮任飄颺。孤渚遊絲遠，長江漲霧茫。策藜頻遠望，疑是帶
　　　　飛霜。」

〔註88〕見《東壁樓集》卷三，《全臺詩》頁126，〈葡萄結秋實〉：「金風方肅殺，滿架
　　　　葡萄生。舊幹舒青葉，新枝吐碧英。花開纏蔟蔟，子結已盈盈。秋節行春令，
　　　　思春無限情。」

經對於「人情偏不定，花柳更無欺」〔註92〕的心情體悟。

此外，也很多吟詠動物的作品，寫雙雙對對的〈雙燕〉，〔註93〕比喻人情冷暖的〈詠湖雁〉，〔註94〕描寫聲嬌百轉的〈黃鸝〉，〔註95〕不食人間食的〈蟬〉，〔註96〕帶給黑夜明亮的〈詠流螢〉，〔註97〕還有嚮往自由生活的〈畫眉鳥〉〔註98〕、悠然自得的〈浪靜閒鷗〉〔註99〕及〈山中聞鶴〉，〔註100〕都可說是鄭經心情的寫照。

其餘如〈琵琶〉〔註101〕、〈壁間畫〉〔註102〕、〈詠圍棋〉，〔註103〕都是對

〔註89〕見《東壁樓集》卷三，《全臺詩》頁126，〈詠桂〉：「秋風昨夜度，奇種天搖落。飄盡月中樹，嫦娥覺寂寞。」

〔註90〕見《東壁樓集》卷六，《全臺詩》頁163，〈詠蘭〉：「清馥生幽谷，餘香滿翠巘。韻高與眾殊，雲霧相馳逐。」

〔註91〕見《東壁樓集》卷六，《全臺詩》頁163，〈詠茉莉〉：「一圍如麗星，曲徑晚來馨。蜂蝶夜間靜，月明開素屏。」

〔註92〕見《東壁樓集》卷三，《全臺詩》頁119，〈花柳更無私〉：「檻外風光轉，遠山青漸移。一朝施雨露，萬物涵春熙。生發隨天意，榮華任歲時。人情偏不定，花柳更無欺。」

〔註93〕見《東壁樓集》卷三，《全臺詩》頁116，〈雙燕〉：「草堂梁上燕，朝暮兩舒翬。暖至還幽谷，寒來傍禁闈。翅翻懸玉剪，肩駢帶雲衣。飲啄含泥晚，雙雙明月歸。」

〔註94〕見《東壁樓集》卷三，《全臺詩》頁118，〈詠湖雁〉：「湖雁秋便至，集飛兩岸邊。相呼群響應，比翼勢連翩。輕翅沖青漢，浮軀泛紫淵。南來畏北冷，春煖自知還。」

〔註95〕見《東壁樓集》卷六，《全臺詩》頁163，〈黃鸝〉：「綠柳燦金裳，嬌聲爛海棠。穿梭如織錦，百囀調清商。」

〔註96〕見《東壁樓集》卷六，《全臺詩》頁163，〈蟬〉：「聲喧似調琴，高志尚林深，不事人間食，惟餐雨露陰。」

〔註97〕見《東壁樓集》卷七，《全臺詩》頁165，〈詠流螢〉：「微軀腐草生，雙翅帶風輕。夜黑飛空郭，如星四野明。」

〔註98〕見《東壁樓集》卷八，《全臺詩》頁172，〈畫眉鳥〉：「時節春來萬物嬌，畫眉百囀韻聲調。朱籠鮮食雖云貴，莫若林間信羽翮。」

〔註99〕見《東壁樓集》卷八，《全臺詩》頁173，〈浪靜閒鷗〉：「風恬浪靜水無波，點點浮鷗帶晚過。飛宿悠悠齊自得，名途利客那如他。」

〔註100〕見《東壁樓集》卷七，《全臺詩》頁164，〈山中聞鶴〉：「鶴鳴千仞崖，不住聲喈喈。高韻自聞遠，起予無限懷。」

〔註101〕見《東壁樓集》卷一，《全臺詩》頁84，〈琵琶〉：「百年老梓樹，剪作忽雷琴。素絲寫幽思，尺木傳知音。輕清多奇態，轉折能心。為人傳情語，勝卻美璆琳。」

〔註102〕見《東壁樓集》卷四，《全臺詩》頁143，〈壁間畫〉：「高堂素壁起崢嶸，人到面前鳥弗驚。春去枝頭花不落，寒來鎮上草長生。陰晴雲霧時時繞，隱顯漁舟夜夜橫。古紙千年忘筆跡，此圖頻問那知名。」

於單一名物的描繪，數量不多。可見其玩賞的對象，仍是以自然風景和動植物奇姿異爲主。

另外，值得一提的是，《東壁樓集》中以「月亮」爲主題之詩，總數有三十首，約佔全集百分之六。

「月亮」在中國古典詩歌中始終是非常重要的素材，不分地域、不分時代、不論身分，「千里共嬋娟」的寫作心態，歷久不衰。如〈夜〉：

> 夜天高無雲，四郊如日曙。風清帶微涼，月出東方窈。
>
> 閒步山坡上，極目任遠眺。蜃氣憑海起，水煙天際遠。
>
> 群星列燦爛，孤月獨皎皎。一輪中空懸，遍照乾坤表。〔註104〕

寫月亮出現的情景，萬里無雲、四郊空曠的黑夜裡，月亮在遠處的東方天空緩緩升起。閒行於山坡之上，放眼所見，一望無際的海洋，襯著雲煙水氣繚繞；抬頭仰望，眾星拱月，群聚的繁星更顯出月亮的獨出，一輪明月高掛天際，萬物皆被覆在月光之下。

另外，在〈山月待人歸〉中，不但寫出了孤寂感覺，也透露出無奈的意味：

> 歲時常遞轉，萬物異風光。人與俗俱改，山同月自長。
>
> 年年不忍別，夜夜頻相望。餘影空庭待，暮歸依我傍。〔註105〕

除了人類的共同的感情因素以外，何以鄭經會有如此大量的「月」詩產生？也許是因鄭經在半生戎馬且歷經家庭、國事巨變的影響下，只有夜晚出現的月亮可以成爲他不渝的心靈伴侶，不但對月憶故鄉，也憶故人。由於明室只剩東南一帶的遺民尚存殘喘，鄭經又背負著反清大業，「明」拆半後，「月」字成爲僅有的一脈生息。故就文學藝術表現而言，鄭經寫月之詩，或可說是發自對大明江山的懷想。

第八節　時歲民俗

《東壁樓集》中有關「時歲民俗」的作品在四百餘首中僅有六首，分別描寫除夕、元宵、端午、七夕、中秋、重陽等節令。〈端午〉表現歡樂的節慶氣氛，〈元夕〉表現及時行樂的豁達心情；〈中秋〉表現放歌訴情的行爲；〈重

〔註103〕見《東壁樓集》卷七，頁164，〈詠圍棋〉：「縱橫方寸地，黑白亂相侵。勝負皆無定，惟憑智者心。」

〔註104〕見《東壁樓集》卷一，《全臺詩》頁74～75。

〔註105〕見《東壁樓集》卷三，《全臺詩》頁121。

陽〉、〈除夜〉、〈七夕〉表現思鄉離愁的情緒，可作爲「每逢佳節倍思親」的詮釋。可見不論鄭經在臺灣的目的是想以此爲反清的基地，或想長久留守據地爲王，對於中原大陸的懷念，仍然與自古以來流離異地的詩人無異。

一、中 秋

中秋傳說中以嫦娥奔月的故事最著名，相傳在遠古時代，后羿之妻嫦娥，後不死之藥，奔月成仙。百姓們紛紛在月下擺設香案，向嫦娥祈求平安吉祥，由此便逐漸形成了中秋節拜月的風俗。後直至唐朝，中秋節才成爲固定的節日，至宋代開始盛行。元末朱元璋起兵時，以月餅秘密傳遞「八月十五日殺韃子」訊息，到明清時，中秋節便成爲中國的一大傳統節日。

《東壁樓集》中有〈中秋〉一首：

> 蟾影戀峰林，有情常在癡。苑香桂子蕚，池銳素娥簪。
>
> 月滿入羅袖，風清和玉琴，秋高夜色冷，興起作龍吟。〔註106〕

寫中秋的月影在林間灑落，中秋佳節理應月圓人團圓，但有情難訴。滿院的桂子香氣隨風飄散，卻只能獨自一人挑撥玉琴吟唱，在秋高孤冷的月下更見淒涼的悲苦。該是歡樂的節日，卻悲情滿懷。

二、重 陽

農曆九月初九爲重陽節，又因二九相重，稱爲「重九」。在古代，六爲陰數，九是陽數，因此重九又稱「重陽」。民間在當天有登高的風俗，因而重陽節又名「登高節」。還有「重九節」、「茱萸」、「菊花節」的說法。《東壁樓集》中有〈九月九日作〉：

> 當窗頻獨坐，戶外疊峨巍。一夜霜纔降，千山葉已飛。
>
> 因風思落帽，對景憶斑衣。四望如霞裏，茱萸燦夕暉。〔註107〕

王維〈九月九日憶山東兄弟〉：「獨在異鄉爲異客，每逢佳節倍思親。遙知兄弟登高處，遍插茱萸少一人。」王維由「獨」字寫起，全詩在抒發身處異鄉的遊子，適逢佳節對故鄉親人深切思念之情。鄭經也由「獨」字寫起，寫出一夜霜降後，葉盡凋零，並用「孟嘉落帽」之典故，〔註108〕寫對於故人才思

〔註106〕見《東壁樓集》卷三，《全臺詩》頁121。
〔註107〕見《東壁樓集》卷三，《全臺詩》頁125。
〔註108〕見《全上古三代秦漢三國六朝文・全晉文》卷112，〈陶潛・晉故征西大將軍

的思慕與懷念。

三、除　夕

　　除夕闔家團聚、遊子歸鄉、圍爐吃團圓年夜飯，爲自古相傳的習俗。在《東壁樓集》中有〈除夜〉一首：

　　　旅館愁年盡，更逢除日昏。江湖行客恨，市井遊兒喧。

　　　千里相思夢，寸心如醉魂。今宵若度歲，明早是三元。〔註109〕

此詩訴說江湖行客對於故鄉千里相思的心情。旅店內遊子適逢除夕，本應闔家團聚，卻獨自在江湖中飄盪，對於故鄉的思念只能在夢中實現。對照鄭經前半生的際遇及抵臺後的經歷，可見其對於故國的家園始終有溢於言表的懷念。

四、元　宵

　　元宵節，亦稱爲「上元節」、「小正月」、「元夕」或「燈節」，時間是每年的農曆正月十五，這是春節之後的第一個重要節日。《東壁樓集》中有〈元夕〉一首：

　　　元夕千家燈火開，星光燦爛映金臺。

　　　禁城春色重重鎖，玉漏鐘聲點點催。

　　　紅粉清歌竟夜徹，碧空明月送人來。

　　　今宵好景休輕過，薄酒藜羹茶數杯。〔註110〕

寫元宵節的燈火輝煌，與星光相映；還有清歌妙舞飲宴竟宵，不負明月美景。反映出鄭經及時行樂的個性及處事態度。

五、端　午

　　端午節爲每年農曆五月初五，又稱「端陽節」、「午日節」、「五月節」、「五

長史孟府君傳〉頁2101至頁2102：「九月九日，溫遊龍山，參佐畢集，四弟二甥咸在坐。時佐吏並著戎服，有風吹君帽墮落。溫目左右及賓客勿言，以觀其舉止。君初不自覺，良久如廁。溫命取以還之。廷尉太原孫盛爲諮議參軍，時在坐。溫命紙筆，令嘲之。文成示溫。溫以著坐處。君歸見嘲，笑而請筆作答。了不容思，文辭超卓，四坐歎之。」後以「落帽孟嘉」形容才子名士的瀟灑儒雅、才思敏捷。

〔註109〕見《東壁樓集》卷三，《全臺詩》頁118。

〔註110〕見《東壁樓集》卷四，《全臺詩》頁140。

日節」、「艾節」、「端五」、「重午」、「午日」、「夏節」。本爲夏季驅除瘟疫的節日，後楚國忠臣屈原於端午節投江自盡，後人感念，乃訂此日爲紀念屈原之節日，有賽龍舟及食粽等習俗。《東壁樓集》中有〈端午〉一首：

> 士女滿沙洲，鼓聲出素流。風吹彩斾動，日映畫橈浮。
>
> 爭勝喧江岸，奪標鬧浦舟。歸來天薄暮，齊唱過南樓。〔註111〕

此詩敘述士民的歡樂、競渡時的喧囂，營造出滿溢喜樂、活潑的過節氣氛。寫端午節時郊外的熱鬧喧嘩氣氛，以龍舟競賽爲主軸，寫觀賞競賽的人群站滿了岸邊，鼓聲大響後立見龍舟彩旗因風飄揚，且船身皆精心雕畫。觀賞比賽的群眾吶喊喧騰，等著看龍舟競渡奪標；最後大家開心地唱著歌歸去。全詩視覺效果與聽覺效果的雙見疊出，渲染一片歡樂氣氛。

百姓的富足安康，對鄭經而言是莫大的安慰。此詩描寫端午節的景況，顯示國泰民安且人民富庶，也看出傳統的漢文化習俗，在臺灣仍與中原無異。

六、七 夕

七夕，又名「乞巧節」、「七巧節」。《詩經・小雅・大東》已有了牛郎與織女愛情故事的想像與傳說。古來以七夕爲素材的詩詞，名句佳篇，多不勝數。如「古詩十九首」中的〈迢迢牽牛星〉，唐白居易的〈長恨歌〉，北宋秦觀有〈鵲橋仙〉都是傳頌千古的傑作。《東壁樓集》中有〈七夕〉一首：

> 乘橋牛女會，訂約在今宵。雲漢分山阻，銀河隔水迢。
>
> 相逢霧繞繞，揮淚雨飄飄。纔訴離情苦，又聞雞報朝。〔註112〕

將神話故事的典故引申爲詩，以牛郎織女的相會期短，透露無奈的離情。依據鄭經感情豐富的性格，可將之擴大解釋爲對中原故土的思念，隔「雲漢」、「銀河」遙遙相望，而發爲西方美人之思；又不妨將此詩看做是思念已故之陳氏（鄭經四弟乳母），因兩人私情悖於禮教，導致生離死別。〔註113〕鄭經退守臺灣後，反倒是羨慕牛郎織女的一年一會，雖然題材內容並無特別之處，但可看出鄭經雖處高位、握大權，仍舊有一般常人的心情感受。

〔註111〕見《東壁樓集》卷三，《全臺詩》頁122。

〔註112〕見《東壁樓集》卷三，《全臺詩》頁112。

〔註113〕見本論文第二章

第五章 《東壁樓集》之寫作技巧

第一節 喜用疊字

「疊字」是利用疊音詞描摹事物的修辭方法，同一字詞重覆出現，加強語氣和情感，突顯作者的意志，所以比單詞更能打動讀者。另外，疊字的使用極具層次脈絡，若運用巧妙，不但可使詩詞的形式整齊美觀，音韻和諧動聽，增加詩詞的節奏美和韻律美，還可使摹人狀物寫景的形象更加生動，以達到情景交融、妙合無垠的神韻美和形象美。

劉勰在《文心雕龍‧物色》中論述了疊字對於狀物寫景的重要作用：

> 詩人感物，聯類不窮。流連萬象之際，沉吟視聽之區，寫氣圖貌，既隨物以宛轉，屬采附聲，亦與心而徘徊。故「灼灼」狀桃花之鮮，「依依」盡楊柳之貌，「杲杲」為出日之容，「漉漉」擬雨雪之狀，「喈喈」逐黃鳥之聲，「喓喓」學草蟲之韻。……兩字連形；並以少總多，情貌無遺矣。雖復思經千載，將何意奪？[註1]

《東壁樓集》中，疊字詞的運用次數頻繁，全集四百八十首詩中，有二百零四首使用疊字。其中以〈江間簫聲度〉一詩之疊字最為密集：

> 瀟瀟雨微息，冉冉雲乍收。朦朧江上月，泛泛月下舟。
> 紗紗清音響，隱隱水中浮，姍姍斷復續，鳴鳴聲未休。
> 凌空引鳳集，幽壑舞潛虯。乘風來海闊，隨月入翠樓。
> 耿耿煙波上，懷人悵碧流。[註2]

〔註1〕 見劉勰：《文心雕龍》（北京：中華書局，1985 年）卷 10，頁 62。
〔註2〕 見《東壁樓集》卷一，《全臺詩》頁 78。

此詩計十四句，而疊字句過半，可見為有意使用疊字，使音調清晰流亮，在節奏上更具有美感。又如〈秋興〉一詩：

> 淅淅秋風起，湛湛玉露毗。萋萋江岸草，皎皎荻花滋。
>
> 杳冥清流出，瀠漣卷寒漪。荏苒日將暮，極目水煙披。
>
> 朦朧月初出，嘹嚦雁聲悲。巍巍碧樓上，悄悄懷遠時。〔註3〕

也是在詩中利用大量的疊字形成形式上的美感。

《東壁樓集》中使用疊字之方式，大略可分為表現數量、表現時間、表現顏色、表現聲音、表現心情等五大類，今分別舉例說明如次：

一、表數量

以疊字作為量詞來使用，是普遍且簡單的現象，但是卻可從《東壁樓集》中，讀出鄭經利用疊字所製造出獨特的情味，也就是以疊字製造出「孤寂」的成分。例如〈夜坐吟〉一詩：

> 秋風中夜發，戶戶搗衣砧。砧聲鳴不息，盡是故人心。〔註4〕

由一戶戶不停歇的搗衣聲，襯著秋夜淒涼的時空背景，營造出「盡是故人心」鄉愁寂寞。而〈步月江堤〉一詩，寫無親友相伴的夜晚，月亮高懸天際，彷彿「步步皆隨我，依依若可人」，〔註5〕一直跟隨著地上的人，不離不棄的跟隨，縱無親友相伴，仍可與明月相親。又有〈蘆花映釣船〉一詩：

> 海門餘落日，幽景滿芳洲。岸樹飄丹葉，蘆花亂碧流。
>
> 紛紛飛水渚，片片逐漁舟。對此清淒色，雲山無限愁。〔註6〕

此詩寫海門渡口片片丹葉蘆花的紛飛景緻。首聯點出時間地點，在碼頭岸邊的落日時分，餘暉灑落在滿是花草的沙洲；岸旁的紅葉隨風吹落，蘆花的花瓣亦因風吹飄落水而去。落英繽紛隨水流去，片片花葉亦似追逐著前行的魚舟。離去的花葉，將落的夕陽，堆砌出一片淒涼慘澹，令人見景亦愁。

而〈村夜得眺字〉一首：

> 晚天景色入清眺，歸岫白雲自高妙。
>
> 孤村日落暮煙中，悲聲四野寒虫弔。

〔註3〕 同上註。

〔註4〕 見《東壁樓集》卷一，《全臺詩》頁73。

〔註5〕 見《東壁樓集》卷三，《全臺詩》頁123。

〔註6〕 見《東壁樓集》卷三，《全臺詩》頁126。

　　　　家家燈火映江微，**皎皎**清輝依海嶠。

　　　　砧聲何處徹宵催，素手月明搗影照。

　　　　嶺外懸崖猿夜啼，橫江孤鶴獨自叫。

　　　　四野無人空**寂寂**，閒行覽景任長嘯。〔註7〕

利用孤村中的家家燈火，與獨行者在曠野中的孤寂形成對比，門內是溫暖的燈光，門外是孤寂人的長嘯，一樣營造出落差感；又如〈晚泊就人煙〉一詩：

　　　　暮天海角掛殘霞，**泛泛**輕帆度日斜。

　　　　兩岸喧聲還浦棹，一江落影識村鴉。

　　　　重重楊樹遮青渚，**點點**漁燈徹白沙。

　　　　遊客孤舟逢夜泊，頻移渡口傍人家。〔註8〕

以漁燈明滅的海門景緻寫人心的孤淒感；又如〈雙燕〉一詩：

　　　　草堂梁上燕，朝暮兩舒翬。暖至還幽谷，寒來傍禁闈。

　　　　翅翻懸玉剪，肩駢帶雲衣。飲啄含泥晚，**雙雙**明月歸。〔註9〕

不但詠物，也反映作者內心的孤獨，雙雙歸去的燕子對照起孤獨一人的自己，更見悲涼。

　　　除了以上用量詞表現孤寂的例子外，《東壁樓集》中尚有少數的如〈過野叟居〉：「**步步**入深杳，**層層**上巉岏。」〔註10〕寫漸進的探勝，〈片光片影皆麗〉：「雲煙靄氣**重重**散，霜雪炎羲**片片**輕。」〔註11〕寫蒸騰的霜雪雲氣、〈雪點梅香小院春〉：「**瀮瀮**著地渾瓊葉，**片片**落花鋪繡茵。」〔註12〕寫落花如茵、〈千嶂分明曉霽天得閒字〉：「碧空朝起解和顏，**片片**菁蔥雨後山。」〔註13〕寫山景如片片青蔥等，都是在詩中使用疊字作為量詞的例子。

二、表時間

　　　疊字用以表現時間，會形成詩句在形式上、意義上的迴旋反覆之感。《東壁樓集》中使用疊字作為表現時間的狀況，可歸納為以下幾種：有描寫整戈

〔註7〕　見《東壁樓集》卷二，《全臺詩》頁106。

〔註8〕　見《東壁樓集》卷四，《全臺詩》頁145。

〔註9〕　見《東壁樓集》卷三，《全臺詩》頁116。

〔註10〕　見《東壁樓集》卷五，《全臺詩》頁151。

〔註11〕　見《東壁樓集》卷四，《全臺詩》頁135。

〔註12〕　見《東壁樓集》卷四，《全臺詩》頁139。

〔註13〕　見《東壁樓集》卷六，《全臺詩》頁159。

待旦的積極心態，如〈滿酋使來有不登岸不易服之說憤而賦之〉：「王氣中原盡，衣冠海外留。雄圖終未已，<u>日日</u>整戈矛。」〔註14〕又如〈喜雨〉寫盼雨的心情：「惟願<u>年年</u>勿失期」；〔註15〕也有鎮日嗜飲常醉的寂寞，如〈幽居〉：「景幽絕世塵，<u>日日</u>獨醉忘。」〔註16〕當然亦有描寫寄情山水酒樂的閒情逸致，如〈山中與幽人對酌_{得約字低字}〉：「我有酒肴頻與約，<u>日日</u>山中相對酌。」〔註17〕以及〈閒坐聽春禽〉：「寒泉<u>日日</u>鳴青澗，松石<u>年年</u>笑白頭。」〔註18〕〈山中作〉：「林鳥<u>朝朝</u>喧異語，石泉<u>夜夜</u>奏清商。」〔註19〕〈坐看雲起時〉：「<u>日日</u>閒坐釣月磯，終朝惟把雲作衣。」〔註20〕等。

但在《東壁樓集》以疊字表現時間作品中，最常見的乃是描寫閨怨，例如〈別離同夜月〉一詩：

> 君楚妾在秦，阻隔雲山遠。不得長相隨，皆由妾命寒。
> **朝朝**盼望君，懶興入翠苑。**日日**惟思君，無心調羹虀。
> **暮暮**倚門看，君身尚未返。遙遙各一方，夜月同煌熴。
> 相思紅顏減，且將閨門捷。〔註21〕

此詩是由女性角度為第一人稱的閨怨詩，從時間副詞的疊字運用頻繁，可以看出思念心情的急切，如「**朝朝**盼望君」、「**日日**惟思君」、「**暮暮**倚門看」。相隔兩地的人，不能長相左右，詩中女性悲嘆命運多舛，天天盼望著郎君歸來，提不起興致繡花女工，也無心思下廚料理，日暮黃昏時便在門旁等待，但始終落空。雖然兩人在夜裡還是可以從不同的地方看見同樣的月光，但卻總是遙遙分隔兩地；這樣的日子過了一天又一天，思念讓容顏憔悴，夜深時女子只能默默將閨門關起，明早又是重複著等待，重複著思念的心情。透過疊字的使用，使全詩詩情更加豐富，朝朝的盼望，日日的思念，暮暮的等待，遙遙的距離，利用疊字表現時間的韻律，讓詩作更添無奈的情味。

其他又如〈初冬〉：「閨中少婦望夫臺，**朝朝**頻看梅樹開。」〔註22〕、〈山

〔註14〕見《東壁樓集》卷八，《全臺詩》頁 176。
〔註15〕見《東壁樓集》卷四，《全臺詩》頁 135。
〔註16〕見《東壁樓集》卷一，《全臺詩》頁 74。
〔註17〕見《東壁樓集》卷二，《全臺詩》頁 108。
〔註18〕見《東壁樓集》卷四，《全臺詩》頁 140。
〔註19〕見《東壁樓集》卷六，《全臺詩》頁 158。
〔註20〕見《東壁樓集》卷二，《全臺詩》頁 95。
〔註21〕見《東壁樓集》卷一，《全臺詩》頁 77。
〔註22〕見《東壁樓集》卷二，《全臺詩》頁 99。

月待人歸〉：「<u>年年</u>不忍別，<u>夜夜</u>頻相望。」〔註23〕、〈遠客悲歸雁曉出欲問津〉：「他鄉寄客悲心急，<u>日日</u>江頭不厭頻。」〔註24〕等詩，皆是描寫離別的感嘆，一樣利用疊字一唱三嘆的效果以及時間副詞頻率性，於紙上造就迴旋反覆煎熬的的思念心情。

三、表聲音

《東壁樓集》中形容聲音的疊字，使用量極多，如形容風雨聲、鐘聲、動物叫聲、流水聲、人語、搖櫓聲等，不勝枚舉。

以疊字形容風雨聲者例如：

〈江上吟〉：「寂寞在江上，風雨夜<u>瀟瀟</u>。」〔註25〕

〈秋閨月得暮字〉：「<u>淅淅</u>秋風生，起我思君愫。」〔註26〕

〈秋浦歌得心字〉：「秋浦秋風起，<u>颯颯</u>動寒林。」〔註27〕

〈風〉：「<u>淅淅</u>秋聲響夜潮。」〔註28〕

〈臥聽窗風冷〉：「<u>蕭蕭</u>侵畫閣，<u>颯颯</u>動雕闌。」〔註29〕

〈遙風逐管絃〉：「<u>颯颯</u>和清響，別離情益多。」〔註30〕

〈惜花〉：「<u>瀟瀟</u>夜雨透簾幃，曉起庭前落葉飛。」〔註31〕

〈早雁〉：「時景遞遷每獨吁，秋風<u>淅淅</u>更清孤。」〔註32〕

〈涼雨竹窗夜話得邊字〉：「<u>瀟瀟</u>風雨落，雲霧望無邊。」〔註33〕

〈秋季江村得旻字〉：「寒風<u>颯颯</u>動秋旻，獨步逍遙碧水濱。」〔註34〕

以疊字形容流水聲者，如：

〔註23〕見《東壁樓集》卷三，《全臺詩》頁121。
〔註24〕見《東壁樓集》卷四，《全臺詩》頁129。
〔註25〕見《東壁樓集》卷一，《全臺詩》頁72。
〔註26〕見《東壁樓集》卷一，《全臺詩》頁90。
〔註27〕見《東壁樓集》卷一，《全臺詩》頁91。
〔註28〕見《東壁樓集》卷二，《全臺詩》頁95。
〔註29〕見《東壁樓集》卷三，《全臺詩》頁117。
〔註30〕見《東壁樓集》卷三，《全臺詩》頁121。
〔註31〕見《東壁樓集》卷四，《全臺詩》頁133。
〔註32〕見《東壁樓集》卷四，《全臺詩》頁145。
〔註33〕見《東壁樓集》卷五，《全臺詩》頁154。
〔註34〕見《東壁樓集》卷六，《全臺詩》頁162。

〈樹間〉：「幽泉濚洄出谷間，流聲咽石韻**潺潺**。」〔註35〕

〈野園〉：「重重樹色饒雲景，**咽咽**泉聲動石根。」〔註36〕

以疊字描寫鐘聲的作品，如：

〈山夜聞鐘〉：「野寺雲深處，**訇訇**聲不停。」〔註37〕

〈晚歸故園〉：「歸來天昏黑，野寺鐘**訇訇**。」〔註38〕

〈元夕〉：「禁城春色重重鎖，玉漏鐘聲**點點**催。」〔註39〕

以疊字表現聲音，為數較多的是形容動物叫聲，如：

〈乘月棹舟_{得泆字}〉寫鴉鳴聲：「驚鴉遶樹飛，**啞啞**聲來往。」〔註40〕

而：

〈山光見鳥情〉：「穿枝來往展翠翹，呼群相應聲**喈喈**」〔註41〕

〈芳樹〉：「綠陰樹裏鳥穿枝，**聲聲喈喈**相呼應。」〔註42〕

〈幽林歸獨臥〉：「日落微雲與雁飛，歸鳥爭棲聲**喊喊**。」〔註43〕

〈山中聞鶴〉：「鶴鳴千仞崖，不住聲**喈喈**。」〔註44〕

則形容鳥鳴聲。

而〈疏鐘聞夜猿〉一詩中，作者透過疊字描寫空山中的鐘聲與猿鳴，情景交融，聞聲動情，尤為出色：

> 空山寂寞響絕聲，星月夜靜燦崢嶸。
> 煙嵐遠寺鳴梵唄，巖谷傳鐘觸猿驚。
> **訇訇**乍振搖雲漢，**窈窈**餘音入紫清。
> 披衣出戶陟岡阜，凝神獨倚蒼髯叟。
> 雙峰迴起夾月明，千澗高懸射牛斗。

〔註35〕見《東壁樓集》卷二，《全臺詩》頁94。
〔註36〕見《東壁樓集》卷四，《全臺詩》頁144。
〔註37〕見《東壁樓集》卷一，《全臺詩》頁80。
〔註38〕見《東壁樓集》卷一，《全臺詩》頁86。
〔註39〕見《東壁樓集》卷四，《全臺詩》頁140。
〔註40〕見《東壁樓集》卷一，《全臺詩》頁90。
〔註41〕見《東壁樓集》卷二，《全臺詩》頁96。
〔註42〕見《東壁樓集》卷二，《全臺詩》頁101。
〔註43〕見《東壁樓集》卷二，《全臺詩》頁104。
〔註44〕見《東壁樓集》卷七，《全臺詩》頁164。

> 嗷嗷狄鳴山自幽，碧天皎皎絕塵垢。
>
> 翁鬱芳林含月影，湍激流泉殺風景。
>
> 更闌露零鐘韻稀，寥寥數聲魂已冷。〔註45〕

此詩首聯寫「靜」，夜晚的山上悄然靜默，只有星月在天空中無聲的閃爍燦爛。次聯出現聲音，遠處的寺廟隱隱傳出的僧侶唱頌佛偈的梵唄聲，深沉有力的鐘聲，同時在山谷間迴響，猿猴因聞聲而心驚。

三聯描寫鐘聲的宏大悠遠，乍響的鐘聲搖天撼雲，餘音深遠，似可穿透入穹蒼太虛。四聯由景物轉人，詩中主角「蒼髯叟」，在夜晚披衣上崗，獨自一人凝望著似被山峰挾起的明月，飛勢而下的溪澗瀑布，在月光的映照下，閃亮可比天上星辰。第五聯再從視覺轉聽覺，猿猴啼聲如低吟的嗚嗚哭聲，在月色閃耀的的山間飄散，透入花木叢生的山谷，這樣和緩且靜謐的景致，卻被泉水湍急的流聲劃破。

時間推移，夜愈來愈深，鐘聲的餘響也愈來愈低，但寺廟的鐘聲和夜猿的哭鳴，卻讓孤獨的人心涼魂冷，更加孤寂了。此詩值得注意的是，若詩中主角就是鄭經本人，他在臺灣時年紀不過二十餘歲，怎會在詩中自稱為髯已蒼的老叟？猜想是心裡的寂寞已讓鄭經心力交瘁，於是鐘聲的稀零、狄猿的哀鳴、孤獨的蒼髯叟，人與景物交織成一片憂鬱的氣氛。

同樣透過鐘聲、颯颯的冷風和流水聲、孤猿猴尖細淒切的聲音的描寫，透露出淒愁氣氛的作品，有〈暮雨愁猿聲〉〔註46〕一詩。又有〈聞笛〉〔註47〕、〈山夜〉〔註48〕等同樣也是形容猿鳴叫的聲音。

除了風雨聲、鐘聲、動物鳴聲之外，人類所發出的人語聲、搖櫓聲，也在描寫之列，例如〈田家〉：「農夫負耜歸家去，嘻嘻笑接兒女妻。」〔註49〕形容

〔註45〕見《東壁樓集》卷二，《全臺詩》頁95。

〔註46〕見《東壁樓集》卷二，《全臺詩》頁96，〈暮雨愁猿聲〉：「碧漢昏霾雨夜驟，草舍病夫忙堅茨。疏茅風捲露榱棟，灑落天河水長垂。淒淒冷氣侵葛被，颯颯寒風入紙帷。短澗潺潺門前響，孤猿啾啾嶺外吹。窮愁不寐徒讀史，忽聽猿聲覺更悲。」

〔註47〕見《東壁樓集》卷四，《全臺詩》頁138，〈聞笛〉：「牧子歸來一笛橫，風吹出谷凌空聲。嗚嗚斷續悲猿淚，嫋嫋高低啼鳥嚶。幽壑遊鱗爭起舞，孤舟嫠婦忽魂驚。重林窈窈雲無盡，窗外青山移我情。」

〔註48〕見《東壁樓集》卷八，《全臺詩》頁170，〈山夜〉：「春天晚景帶煙霞，翁鬱芳林月色賒。嗷嗷猿聲啼不住，空山寂寞少人家。」

〔註49〕見《東壁樓集》卷二，《全臺詩》頁97。

農夫在一日繁忙後，回家看到妻兒的歡喜心情，語言樸質，直接用「嘻」二字相疊，顯得自然可愛。還有搖櫓的聲響，如〈春興〉：「日暮雲邊轉，**欸欸**不停橈。」〔註50〕〈漁父詞〉：「**輕輕欸欸**持網緝，舉網大小黃金鱗。」〔註51〕等，皆是以疊字狀聲。

四、表景物

　　《東壁樓集》中以疊字摹狀寫景的作品為數不少，如〈觀滄海〉：「**蕩蕩**臨滄海，**洋洋**渙碧波。」〔註52〕又〈臨江〉：「俯臨長江水，**洋洋**萬里波。」〔註53〕以上二詩皆以疊字描寫海洋景象，更見壯闊。又有〈獨立〉一首：「雲峰**層層**繞，重霧苔徑濕。」〔註54〕寫雲峰交疊的山景，以疊字製造出逼真的視覺效果。

　　除了疊字寫「海」、「山」以外，又有寫「雲」的萬千景色，例如〈雲〉：

　　　　翠閣春氤氳，高棲山紫氣。畫棟縈瑞氣，朱簾繞繡紋。
　　　　檻外月朦朧，疏星半隱空。紫煙騰騰起，碧天四際籠。
　　　　輕風吹復合，**靄靄**若高崧。**疊疊**相綿聯，**層層**出岫顛。
　　　　山樹如斷續，枝幹靉靉旋。江峰連碧霄，落霞雙彩橋。
　　　　巖谷幽深處，晨昏重霧饒。疏出似鴻鷲，群飛類波潮。
　　　　千巒任遊颺，叢林虎豹章。爛漫盈四野，極目難測量。
　　　　縹紗色漸紛，日收萬里雲。〔註55〕

此詩第一、二聯描繪賞雲的地點。春天，高山之中的翠閣煙雲瀰漫；華麗的建築，簾子上可見的瑰麗的圖樣，更顯氣派，此空中閣樓隱然透出一股祥瑞之氣。三聯點明時間，欄杆外的月色因為雲的遮蔽更顯朦朧，稀疏的星星也在空中明晦閃爍；雲煙昇騰之際，四週皆被雲氣籠罩，因風而散，亦因風復合，雲朵聚合時似聳天嵩樹，交疊時又連綿不能分，一層層的堆疊高出峰巒頂顛。山間的樹木如同被雲擋住，形體看來似斷又續，雖然枝葉茂密，但也好像隨雲飄懸。因為雲的連接，遠處的江河可與碧空相接。彩霞落下的時候，滿天紅雲就像是彩色的橋。在嚴峻的山谷中，往往有雲煙濃重的圍繞，雲淡

〔註50〕見《東壁樓集》卷一，《全臺詩》頁75。
〔註51〕見《東壁樓集》卷二，《全臺詩》頁103。
〔註52〕見《東壁樓集》卷一，《全臺詩》頁72。
〔註53〕見《東壁樓集》卷一，《全臺詩》頁81。
〔註54〕見《東壁樓集》卷一，《全臺詩》頁81。
〔註55〕見《東壁樓集》卷一，《全臺詩》頁82。

霧輕時就像是飛鴻驚出，而群出時又像是萬里的波波瀾壯闊。瀟灑悠遊於群峰間，又爲叢林添增如虎豹般多變花紋。天地四野間都可以見到雲煙霧氣的蹤影，難以目測的廣大範圍讓天上地上的景致更紛呈多姿。此詩連用三組疊字「**靄靄**若高崧。**疊疊**相綿聯，**層層**出岫顛」描繪雲景，除了寫實之外，更形成形式上的美感。

除了形容景色的疊字之外，亦有寫植物的姿態，如：

〈春興〉：「遠山色蔥翠，溪徑草**芊芊**。」〔註56〕用「芊芊」形容溪草的繁盛茂密。

〈江湖後搖落〉：「惟見江潮遠，**萋萋**兩岸葦。弱枝隨碧流，葉綠花**韡韡**。」〔註57〕「萋萋」寫岸旁葦荻的茂盛、「韡韡」寫花的明媚。

〈嶺松〉：「**亭亭**如麾蓋，白雲傍根生。」〔註58〕以「亭亭」寫茂密的古松如車蓋。

〈秋江花月夜〉：「**密密**菊蕊英，綠衣裹黃裏。」〔註59〕描寫菊花不讓桃李的美麗姿態。

〈早起得昧字〉：「空山樹**寂寂**，荒徑草**薈薈**。」〔註60〕營造出路長草荒的悲戚感。

〈江村〉：「一曲清溪遶孤村，綠竹**猗猗**作翠垣。」〔註61〕以及〈竹裏〉：「環水青琅玕，**翩翩**葉翻覆。」〔註62〕寫竹子美盛的樣貌。

除了以疊字寫風景、植物樣貌，還有利用疊字形容顏色。《東壁樓集》中多半以疊字形容植物的「青翠」色彩，如：

〈旱地蓮〉：「關家陸地昔遺種，今生小苑傍樹聳。**青青**仰葉出月陂，朝起承露明珠捧。」寫蓮花的青葉。

〈漁浦〉：「江浦**青青**江水洋，兩岸錯落漁人鄉。」〔註63〕寫江畔的青草。

〈深谷有人家得家字〉：「遠望孤村依雲際，松柏**青青**半藏遮。」〔註64〕

〔註56〕見《東壁樓集》卷一，《全臺詩》頁75。
〔註57〕見《東壁樓集》卷一，《全臺詩》頁78。
〔註58〕見《東壁樓集》卷一，《全臺詩》頁78。
〔註59〕見《東壁樓集》卷一，《全臺詩》頁84。
〔註60〕見《東壁樓集》卷一，《全臺詩》頁89。
〔註61〕見《東壁樓集》卷二，《全臺詩》頁94。
〔註62〕見《東壁樓集》卷一，《全臺詩》頁79。
〔註63〕見《東壁樓集》卷二，《全臺詩》頁104。

寫山間松柏的青蒼。

〈柳陌聽早鶯〉:「澳澳流波清似舊，**青青**楊柳綠更新。」〔註65〕描寫楊柳的顏色。

〈千嶂分明曉霽天得開字〉:「晴川歷歷看將徹，遠岫**蒼蒼**望已憪。」〔註66〕寫遠山暗灰帶青的顏色等。

以上諸例皆是以疊字加強顏色的視覺效果。

五、表心情

用疊字形容的心情狀態有悲有喜，如:

〈秋夕書懷〉:「浩歲月轉相催，憂心自**慘慘**。」〔註67〕因為歲月的流轉，因此而憔悴憂傷的樣子。

〈野居〉:「自得意**悠悠**，休與俗者晤。」〔註68〕寫主角自得其樂的悠然處於山野之中。

〈山逐泛舟行〉:「倏忽輕萬里，我心覺**忪忪**。」〔註69〕寫逐輕舟乘風而過，速度之快，因而心跳驚恐的樣子。

〈江上逢春得景字〉:「春故不惱人，人心自**耿耿**。」〔註70〕輾轉反側，樂景寫哀情。

〈初多〉:「我念君兮意**皇皇**，君於心兮寧**惻惻**。」〔註71〕寫空閨獨守的徬徨不安，以及思念的心情。

另如〈秋閨得秋字〉:「去悠悠兮爾自得，淚**潸潸**兮我獨收。爾自得兮為名利，我**惻惻**兮其誰酬。」〔註72〕〈儗涉江采芙蓉〉:「采采盈懷袖，**鬱鬱**思誰何。」〔註73〕〈和李正青不遇空怨歸依偕字韻〉:「不遇空歸去，**依依**悶莫排。」

〔註64〕見《東壁樓集》卷二，《全臺詩》頁109。

〔註65〕見《東壁樓集》卷六，《全臺詩》頁157。

〔註66〕見《東壁樓集》卷六，《全臺詩》頁159。

〔註67〕見《東壁樓集》卷一，《全臺詩》頁77。

〔註68〕見《東壁樓集》卷一，《全臺詩》頁88。

〔註69〕見《東壁樓集》卷一，《全臺詩》頁86。

〔註70〕見《東壁樓集》卷一，《全臺詩》頁92。

〔註71〕見《東壁樓集》卷二，《全臺詩》頁99。

〔註72〕見《東壁樓集》卷二，《全臺詩》頁109。

〔註73〕見《東壁樓集》卷八，《全臺詩》頁177。

〔註 74〕〈江行有懷〉：「我心頻**悄悄**，江水自**悠悠**。望日懷鄉國，臨流想故丘。」

〔註 75〕〈江山非故園〉：「舞罷更殘常**耿耿**，醉餘胆苦自**忡忡**。江山景色雖然異，風月清輝萬里同。」〔註 76〕以上均以疊字描寫離鄉背井的憂鬱心情。

　　以上諸例，都是以疊字表現出心情。

第二節　常用僻字及孤獨等字

一、常用僻字

　　鄭經亦用之為題與喜好使用古字僻字是《東壁樓集》中的特殊表現之一，此種文學呈現乃是受到漢賦的影響。〔註 77〕雖然對於讀者而言，在閱讀上有些許不便，但此也可看出鄭經的才高八斗。以下舉例列出《東壁樓集》中所用之古字僻字，並列出國語注音符號標示讀音。

　　　　〈妒婦歌〉：「妒婦口舌利，發聲愚夫趑（ㄘㄨㄟ）。」〔註 78〕

　　　　〈輕舟早發〉：「江水波汪洋，兩岸疊龍嵸（ㄗㄨㄥ）。」〔註 79〕

　　　　〈卜居〉：「習俗多驕悍，善道弗礛磋（ㄓㄨ）。」〔註 80〕

　　　　〈秋笛〉：「門前多落葉，荒徑草萎荑（ㄧˊ）。」〔註 81〕

　　　　〈軍行別〉：「燕燕于飛，雙雙背翄（ㄔˊ）。」〔註 82〕

　　　　〈放舟盛漲得溢字〉：「藹藹（ㄞˋ）望無邊，溟溟惟接日。」〔註 83〕

　　　　〈冬夜旅懷得飆字〉：「冬天嚴寒夜，不住風飆飆（ㄐㄧㄝ）。」〔註 84〕

　　　　〈水檻遣心〉：「碧漢紛紛驟雨蔞（ㄌㄨㄥ），憑欄細聽水聲潨。」〔註 85〕

〔註 74〕見《東壁樓集》卷一，《全臺詩》頁 91。

〔註 75〕見《東壁樓集》卷五，《全臺詩》頁 150。

〔註 76〕見《東壁樓集》卷四，《全臺詩》頁 136。

〔註 77〕見龔顯宗：〈初論《東壁樓集》〉，《第七屆清代學術研討會論文集》，2002 年 3 月。

〔註 78〕見《東壁樓集》卷一，《全臺詩》頁 75。

〔註 79〕見《東壁樓集》卷一，《全臺詩》頁 80。

〔註 80〕見《東壁樓集》卷一，《全臺詩》頁 82。

〔註 81〕見《東壁樓集》卷一，《全臺詩》頁 82。

〔註 82〕見《東壁樓集》卷一，《全臺詩》頁 87。

〔註 83〕見《東壁樓集》卷一，《全臺詩》頁 89。

〔註 84〕見《東壁樓集》卷一，《全臺詩》頁 92。

〔註 85〕見《東壁樓集》卷二，《全臺詩》頁 93。

〈風〉:「一天雲霧車礮（ㄅㄠ／ㄆㄠˊ／ㄆㄠˋ）轉，滿空星斗珠璣搖。」
〔註 86〕

〈當軒半落天河水〉:「尚希滂㵦（ㄕㄨˋ）下，慰卻祈年情。」〔註 87〕

〈贊漢高帝〉:「手執斷蛇劍，身跨追電驄（ㄘㄨㄥ）。」〔註 88〕

〈涼夜開窗會素娥〉:「碧窗蟾影映，晶府掛香宮（ㄐㄩ）。」〔註 89〕

〈疏雲逐雁飛〉:「碧水連空色，紅霞與雁翁（ㄈㄣ）。」〔註 90〕

〈早春〉:「煙蘗（ㄅㄛˋ）池邊柳，霧舒嶺外梅。」〔註 91〕

〈秋風解纜〉:「好風將解纜，舟子拔戨戨（ㄍㄜ）。」〔註 92〕

〈秋興〉:「帶雨池荷房始落，含煙苑桂薷（ㄖㄨㄟˇ）初繁。」〔註 93〕

〈江亭晚望〉:「千波來瀱瀱（ㄧˋ），一水出沼沼。」〔註 94〕

〈亂石假山〉:「日曦穿竁（ㄘㄨㄢˋ）竅，雲氣靄玲瓏。」〔註 95〕

〈春水生〉:「碧空披鬖鬤，幽谷響砏磤（ㄧㄣ）。」〔註 96〕

〈漁磯得湄字〉:「垂藤堪手援，疊石可行徛（ㄐㄧˋ）。」〔註 97〕

〈幽林歸獨臥〉:「徑花紅膩和露睡，幽谷青蘭銷晚曷（ㄞˋ）。」〔註 98〕

〈乘潮至漁家得東字〉:「芙蓉依水浦，鳧雁隱沙渶（ㄏㄨㄥˊ）。」〔註 99〕

〈浦口山得潮字〉:「懸崖半隱落波日，遠渚長遮返浦艍（ㄅㄠ）。」〔註 100〕

〈閒居即事〉:「佇望暮雲飛觸石，明朝綠野水濛濛（ㄇㄢˊ）。」〔註 101〕

〔註 86〕見《東壁樓集》卷二，《全臺詩》頁 95。
〔註 87〕見《東壁樓集》卷三，《全臺詩》頁 110。
〔註 88〕見《東壁樓集》卷三，《全臺詩》頁 110。
〔註 89〕見《東壁樓集》卷三，《全臺詩》頁 115。
〔註 90〕見《東壁樓集》卷三，《全臺詩》頁 115。
〔註 91〕見《東壁樓集》卷三，《全臺詩》頁 118。
〔註 92〕見《東壁樓集》卷三，《全臺詩》頁 125。
〔註 93〕見《東壁樓集》卷四，《全臺詩》頁 133。
〔註 94〕見《東壁樓集》卷五，《全臺詩》頁 148。
〔註 95〕見《東壁樓集》卷五，《全臺詩》頁 148。
〔註 96〕見《東壁樓集》卷五，《全臺詩》頁 150。
〔註 97〕見《東壁樓集》卷五，《全臺詩》頁 153。
〔註 98〕見《東壁樓集》卷二，《全臺詩》頁 104。
〔註 99〕見《東壁樓集》卷五，《全臺詩》頁 155。
〔註 100〕見《東壁樓集》卷五，《全臺詩》頁 159。

〈紅葉〉：「秋色江間夕日斜，芳林兩岸頳（彳ㄥ/ㄓㄣ）成霞。」〔註102〕

〈山夜聞鐘〉：「夜靜山更靜，鐘聲度嶺嵷（ㄏㄨㄥˇ）。」〔註103〕

〈殘燈〉：「碧樹千重黑，疊疊出崚嶒（ㄘㄥˊ）。」〔註104〕

〈松浮欲盡不盡雲〉：「岧嶤（ㄊㄧㄠˊㄧㄠˊ）屏嶂聳，聳起欲凌空。」
〔註105〕

〈桃源行〉：「漁人曉出駕孤舸（ㄊㄨㄥˊ），滿眼青山春景隆。」〔註106〕

〈江上逢春得景字〉：「萬物因春肥，惟我因春瘦（ㄕㄡˋ）。」〔註107〕

〈暮雨愁猿聲〉：「碧漢昏霾雨夜鱃（ㄗ），草舍病夫忙墾茨。」〔註108〕

由上述諸例，可見《東壁樓集》詩喜用古和僻字，不推測鄭經可能有藉此自
炫才學之意。

二、常用「孤」、「獨」、「寂寞」、「閒」等字〔註109〕

　　在《東壁樓集》中，「孤」字出現極為頻繁，而「獨」居次。若分析這些
字眼在《東壁樓集》中出現的情形，大約可以分為幾類：一是用孤獨描寫漂
流的身體，二是用孤獨寫閒適的生活，三是用閨怨的孤獨形成寄託，四是寫
待起前沉潛的心情。試圖從鄭經《東壁樓集》中大量孤獨字眼之表徵，還原
鄭經在臺灣的心境起伏以及內斂孤獨的真實形象。

（一）漂流的身體

　　明清政權交替，局勢混亂，鄭成功在永曆四年（1650）帶著年僅九歲的
鄭經駐兵廈門，〔註110〕同年五月，鄭成功伐南溪，十二月伐漳浦；永曆六年

〔註101〕見《東壁樓集》卷八，《全臺詩》頁167。
〔註102〕見《東壁樓集》卷八，《全臺詩》頁173。
〔註103〕見《東壁樓集》卷一，《全臺詩》頁80。
〔註104〕見《東壁樓集》卷一，《全臺詩》頁81。
〔註105〕見《東壁樓集》卷一，《全臺詩》頁81。
〔註106〕見《東壁樓集》卷二，《全臺詩》頁103。
〔註107〕見《東壁樓集》卷一，《全臺詩》頁92。
〔註108〕見《東壁樓集》卷二，《全臺詩》頁96。
〔註109〕本目內容，作者發表於第四屆「有鳳初鳴學術研討會」（《第四屆有鳳初鳴學
　　　　術研討會論文集》阮筱琪：〈論鄭經《東壁樓集》中的孤獨〉，2009年5月）。
〔註110〕見川口長孺：《臺灣割據志》：「成功嘗令其子經居廈門。」（收錄於臺灣銀行
　　　　經濟研究室編：《臺灣文獻史料叢刊》第六輯，臺灣：大通書局，民國47年），

（1652，鄭經十一歲）攻取海澄，永曆七年（1653，鄭經十二歲），鄭成功與清軍交戰海澄，清軍敗退。永曆八年（1654，鄭經十三歲）十月，鄭成功佑攻取漳州，附近十邑皆下。這些戰事都是以廈門作爲根據地，當時鄭經約十至十三歲，可是已經看到鄭成功與清朝的幾場戰役。永曆十二年（1658）鄭成功北伐南京，意圖恢復；但卻征戰未果，於是鄭成功把鄭經留在廈門，於永曆十五年（1661）自行發兵征臺，決心把臺灣當作反清復明的根據地；但未料鄭成功來臺隔年（永曆十六年，1662）即殁。鄭經自廈門來臺奔喪繼位，又旋即返廈；後因不敵清荷聯軍對廈門的攻擊，在永曆十八年（1664）帶著明（鄭）軍退往臺灣，當時他年僅二十三歲。

　　鄭經在《東壁樓集》〈從軍行〉曾自述年少時期跟隨軍旅生活的情形：

　　　　壯士喜從戎，年少橫胸臆。雕弓大羽箭，駿馬黃金勒。

　　　　銳氣衝斗牛，洋洋意自得。揮鞭逐隊去，前往盧龍域。

　　　　風沙朝暮起，日光變無色。霜雪飄飄下，山河盡填塞。

　　　　弱冠從軍來，頭髮今半黑。不辭跋涉苦，矢志在爲國。

　　　　國仇不共戴，直搗轉北極。〔註111〕

從詩中的線索推敲，也許鄭經跟隨鄭成功打過幾場戰事，耳濡目染父對戰事的運籌帷幄，早已熟悉兵戎之事。後在陳永華的輔佐下，使明之國祚在得以在臺延續；雖然仍舊依照明代舊制，並裁撤明京（赤崁地區）與承天府，改稱爲「東寧」以避免名義上的僭越，但在實質上，鄭經儼然已成爲明室殘軍遺民的共主。

　　從九歲到二十三歲，十三年征戰的戎馬生活，造成鄭經身體飄流的原因。也因爲這樣的流動性，在《東壁樓集》中發爲疲憊、孤獨的表現。如〈江上吟〉一詩：

　　　　寂寞在江上，風雨夜瀟瀟。飛螢數萬點，煙氣連碧霄。

　　　　漁舟雲邊返，停棹繫綠條。市酒歸獨酌，狂歌自逍遙。

　　　　江樹著雨急，灑落隨風飄。靜坐思往事，開窗夜聽潮。

　　　　殘燈伴孤枕，濃睡不覺宵。〔註112〕

此詩透露自我排遣孤寂的情緒，雖然「市酒」、「狂歌」，也只能「獨酌」、「自

　　　　頁58。

〔註111〕見《東壁樓集》卷一，《全臺詩》頁73。

〔註112〕見《東壁樓集》卷一，《全臺詩》頁72。

逍遙」，這樣看似瀟灑，夜晚的急雨風聲，也掩蓋不住內心想念往事的思緒如潮，殘燈孤枕的意象，砌出一片愁情。

對鄭經來說，東寧十年，正是遊客他鄉的時光，因此他常以客心鄉愁的孤獨，寫出身體流動的悲苦，如〈早起得昧字〉一詩：

> 雞聲催曉行，殘月路微昧。疏星半隱明，嶺上多雲靉。
>
> 空山樹寂寂，荒徑草薈薈。螢火傍人飛，露光芳草帶。
>
> 煙氣生馬頭，泉聲雜天籟。客心多感悽，仰天徒長慨。〔註113〕

此詩寫早晨山景的淒清，將明的天色裡，星月殘疏的光亮，隱隱約約襯著山嶺上的雲霧，瀰漫一片孤寂氣氛。接著從大景寫到小景，舊時來訪的道路已經荒草橫生；再從小景帶往更小的視線點，螢火蟲的飛舞，帶露珠的芳草營造的冰涼感，都是具有臨場感的描寫，然後視線再往前拉到布滿煙氣碼頭，尚未消散的霧氣漫漫，視線依舊有曖昧不明的迷離，然後筆鋒從視覺轉往聽覺，奔瀉的山泉就如同天籟般，在幽靜的清晨山中更加清晰可聞。直至末聯，道出縱使良辰美景，仍不改其身為遊子的身分，只能以仰天長嘆的悲哀作為結束。

〈除夜〉一首亦是：

> 旅館愁年盡，更逢除日昏。江湖行客恨，市井遊兒喧。
>
> 千里相思夢，寸心如醉魂。今宵若度歲，明早是三元。〔註114〕

此詩訴說江湖行客對於故鄉千里相思的心情。旅店內遊子適逢除夕，本應闔家團聚，卻獨自在江湖中飄盪，對於故鄉的思念只能在夢中實現。對照鄭經前半生的際遇及抵臺後的經歷，可見其對於故國的家園始終有溢於言表的懷念。

又有〈遠客悲歸雁曉出欲問津〉一詩：

> 閱歷東西忽幾春，乍聞歸雁過天津。
>
> 夜深枕伴殘燈影，曉起衣沾濕露塵。
>
> 山裏孤村雲靉靉，溪邊古渡荻蓁蓁。
>
> 他鄉寄客悲心急，日日江頭不厭頻。〔註115〕

寫時間的消逝，對於故園的想念，在歸雁南返過冬的時候更加強烈。這樣的思念讓人晚間失眠，白天望江興嘆。在江邊碼頭所見的景象，落日餘暉、落葉紛飛、北來歸雁、他鄉寄客等意象，觸景生情的表現，營造出濃濃的思鄉

〔註113〕見《東壁樓集》卷一，《全臺詩》頁89。
〔註114〕見《東壁樓集》卷三，《全臺詩》頁118。
〔註115〕見《東壁樓集》卷四，《全臺詩》頁129。

情懷。

〈望月懷遠〉：

清夜長懷遠，愁人入夢思。中宵竟起坐，遙想當初時。

顧影月相伴，沾衣露覺滋。憂心生寂寞，遊子頻悽遲。

對此情難禁，譙樓鼓角悲。〔註116〕

此詩由中夜無眠寫起，轉至對友人或家國的思念，再寫自身孤寂清影，最後以情意作結，充滿遊子去鄉懷國的悲愁。

自古以來，文人們的思鄉之情與異域之感常因景而動，他們同樣在創作中盡情吟詠著鄉愁和歸思，陶淵明詩「羈鳥戀舊林，池魚思故」，即人類對故地之思解釋為一種與鳥獸同有、與生俱來的天性。因此，鄭經從遊子的身體經驗出發，用各種形單影隻的意象配合景物觸發，述說對故國、故人以及個人孤獨心情。

（二）閒適的生活

除了悲苦的心情，鄭經在《東壁樓集》中也有寫出閒適生活的詩作，雖然詩中仍有孤獨的情緒，但反而是透露出自在輕鬆的感覺，例如〈幽窗〉一詩：

明月窺玉牖，月移花影移。寒蟬鳴翠竹，孤雁有餘悲。

獨坐生寂寞，閒步臨清池。池蓮花半笑，帶露愈嬌姿。

夜深欲就寢，難與景暫辭。〔註117〕

此詩寫明月照窗的夜晚，花被月照射的影子隨著時間移動，夜深無聲，竹上的寒蟬與孤雁的聲音顯得更加淒涼悲戚。景物、氣氛已然凝重，但更令人鬱悶的是，詩中的主角只有一人「獨坐」，景孤人孤，寂寞的情緒全然奔瀉，卻也只能百般無奈的在池畔閒晃。四聯筆鋒一轉，縱使景淒人寂，但還有池內的蓮花彷彿帶笑相伴，在沾上了夜露後，更顯姿態嬌媚；夜深本就是該就寢的時刻，也因為池蓮而不捨離去了。

此詩透過聲音，表現出主角心中幽深的落寞情懷，孤獨一人，唯有窗外夜景和池蓮相伴，景孤使人更孤，即使可賞池蓮的嬌姿，也只是難寐的藉口，若非寂寞，又怎會深夜未寢？於是，末聯便與三聯呼應，不寐於景難辭乃是因為獨自看景的寂寞。含蓄的情感卻隱藏深深的孤寂感。

除了無友相伴的因素以外，〈容軒宿雨初晴晚景〉一詩中也透露出鄭經另

〔註116〕見《東壁樓集》卷五，《全臺詩》頁150。

〔註117〕見《東壁樓集》卷一，《全臺詩》頁80。

一個易感孤寂的原因：

> 寄臥南窗下，雨晴雲暮開。紅霞映翠竹，玉露濕青苔。
>
> 蝶舞穿花徑，鶴鳴遠月臺。閒居生寂寞，聊酌兩三杯。〔註118〕

在無政事干擾，休養生息的安定環境下，產生孤、獨、寂寞心情原因，除了本身身分地位的不便，還有「閒居」無事可為的因素在。但閒居時寂寞化為詩詞時，便不再令人悲悽的感覺，反倒是悠閒自在。因此，在此詩中，處處可見如「紅霞」、「翠竹」、「青苔」等豐富的色彩堆積，以及舞蝶、鳴鶴等表現處處生機的活力，在寂寞孤獨的生活裡，依然可以怡然自處。

　　鄭經《東壁樓集》中掌權的身分加上狹隘的交友圈，產生高處不勝寒的心情，孤、獨等字眼重複出現，直是其心境的寫照。通常鄭經表達寂寞卻也豁達的態度，以及隨遇而安的灑脫心境。因此，在《東壁樓集》中出現大量的孤、獨、寂寞等字眼，表面上看似低潮，但在孤清的時刻，反而有時絕處逢生，成為鄭經處事的態度和面對問題低潮時的人生觀。因此，「孤」、「獨」、「寂寞」和「閒」之間，就形成了另一種關連。試看〈村夜得眺字〉一詩：

> 晚天景色入清眺，歸岫白雲自高妙。
>
> 孤村日落暮煙中，悲聲四野寒虫弔。
>
> 家家燈火映江微，皎皎清輝依海嶠。
>
> 砧聲何處徹宵催，素手月明搗影照。
>
> 嶺外懸崖猿夜啼，橫江孤鶴獨自叫。
>
> 四野無人空寂寂，閒行覽景任長嘯。〔註119〕

此詩寫作者在一片慘淡的景物中，表現出灑脫的閒適心情。首聯寫明整體環境景色並且點出時間，雖然天色向晚，但仍透露出清新氣氛。次聯寫孤村日暮的落寞景色以及四野虫鳴，隨著景色，令人亦聞之悲苦。三聯由聲轉人，夜幕低垂，家家戶戶點亮了燈，地上人家的燈花在江中照映，天上月亮皎亮如日，天地互相輝映，卻形成一派寧靜。四聯再由人轉聲，砧聲不停，似乎可搗碎人心，加上五聯中聽來淒清的鶴鳴和猿啼，寂寞的景色，聲音重覆出現，憂愁氣氛乃更加濃重，但最末句卻將本來該是沉重的情調全部推翻，即使景聲俱悲，但詩人仍是超然自在，不掛心頭，又何妨灑脫的覽景且長嘯呢？全詩十二句中僅有一句寫閒情，其餘十一句皆寫悲景，驟轉的語氣看得出詩

〔註118〕見《東壁樓集》卷三，《全臺詩》頁110。

〔註119〕見《東壁樓集》卷二，《全臺詩》頁106。

人欲極力超脫的心情，但是卻反倒分泌出一絲無可奈何的情緒。這樣矛盾的情感，使全詩層次更顯豐富。

而〈夜〉：

> 夜天高無雲，四郊如日曒。風清帶微涼，月出東方窈。
>
> 閒步山坡上，極目任遠眺。蜃氣憑海起，水煙天際遠。
>
> 群星列燦爛，孤月獨皎皎。一輪中空懸，遍照乾坤表。〔註120〕

此詩寫夜間閒步山坡上，望向海邊的情景。一、二兩聯寫夜色，萬里無雲的天際，空曠的原野彷彿如被日光照射般明亮，清風微涼，月亮自東遍照大地；以此四句將四周出營造一片光明。三、四聯從客觀景物的描寫，轉入主觀的視角：三聯寫在四望無際的山坡上閒行徐步，因為萬里無雲的晴朗天氣，加上高處無遮蔽的視野、皎潔的月光，使得海上昇騰的水氣更加清晰可見；水氣如煙般繚繞上天，跟著飄繞的水煙抬頭上望，天空中群星閃耀，雖然光輝燦爛，但最明亮的仍然是如日曒的月光。末以一輪皓月懸掛空中，天地均浸沐在月光照映之下作結。

在探析此詩時，不妨試將孤獨但卻明亮的月光做為作者自身的投射，縱然鄭經在東寧時，大權在握，文臣武將環侍，但是孤獨的心情卻無人瞭解，只有一人在夜晚獨自欣賞月光、自我感嘆。在這首詩中，「閒」與「孤」的使用有著相互補強的作用，「閒行」上山望月後產生的竟不是安適賞玩的愉悅，而是投射出自我孤獨、孤芳自賞的情感；雖然寂寞，但卻高潔明亮。

又如〈清懷尋寂寞〉：

> 深情巖谷趣，野景羅心胸。靜聽澗中水，閒觀石上松。
>
> 尋幽遠藥徑，寄傲入雲峰。所適惟隨意，往來無定蹤。〔註121〕

對於寂寞的心情以野景自遣，沒有落入悲傷的怨嘆，反倒是曠達的觀照。因此評點稱：「亦自不俗。」。〔註122〕

而〈獨飲〉一詩：

> 月下閒行惟月伴，花間獨酌有花親。
>
> 碧空雲漢明無際，綠海煙波靜絕塵。
>
> 草照餘光入瑞露，風飄膩馥和清醇。

〔註120〕見《東壁樓集》卷一《全臺詩》頁75。

〔註121〕見《東壁樓集》卷三，《全臺詩》頁113。

〔註122〕見《東壁樓集》卷三。

> 幽香靄靄如憐我，孤魄依依若可人。
>
> 醉舞狂歌頻潦倒，良宵美景任馳神。〔註123〕

在美景中自得其樂，背面卻隱含著孤獨悽涼，感受到鄭經心中迷惑茫然，卻又及時行樂的矛盾心情。

　　以上諸例皆爲表達作者雖寂寞卻也豁達的態度，以及隨遇而安的灑脫心境。因此，在《東壁樓集》中出現大量的孤、獨、寂寞等字眼，表面上看似低潮，但有時反而絕處逢生，使讀者透過詩作，更瞭解其處事的態度，和面對問題低潮時的人生哲學。

（三）閨怨的寄託

　　明永曆十五年（1659）正月，南明永曆帝朱由榔逃奔雲南。二月，吳三桂軍與清軍攻克雲南城（今昆明），桂王逃亡緬甸。永曆十六年（1662），吳三桂絞殺桂王朱由榔於在雲南，明朝皇室已覆。明永曆十八年（1664），明永曆帝被弒的消息傳到臺灣，即便明永曆帝已死，鄭經仍堅持奉明正朔，以永曆年號紀年，一生以明朝遺臣自居，他「在位凡十九年，猶奉永曆正朔，佩招討大將軍印，稱世子」，〔註124〕儘管明朝覆亡，鄭經揮軍建都東寧，積極從事各種建設，雖已成實質共主，但對外仍以臣民身分自居。

　　在退守東寧十年間所做的《東壁樓集》，若對照〈自序〉中「無非西方美人之思」之語，可發現其中不少閨怨作品，以女性第一人稱的細膩口吻發爲詩歌，或可視爲鄭經對於明朝皇室懷戀期盼心情的寄託與表白，鄭經用婦女的閨怨來借代爲對家國的思念，更顯出其孤獨的豪情，因此極具意涵和弦外之音。如〈秋閨月得暮字〉：

> 秋天淒日暮，東方懸玉兔。明月侵簾帷，獨照孤人步。
>
> 浙浙秋風生，起我思君悰。妾伴閨中月，君倚塞上露。
>
> 無限長相思，將欲其誰訴。千里寄情言，難鑿雙尺素。
>
> 寂寞怨夜長，空把更籌數。〔註125〕

此詩表達閨中婦女月下思君的婉轉情思，首聯描寫時間推移，從日暮時分到明月高懸，月影照出形單影隻的孤獨人影；秋風驟起，寒涼的空氣觸發詩中

〔註123〕見《東壁樓集》卷六，《全臺詩》頁157。
〔註124〕見川口長孺：《臺灣割據志》，（收錄於臺灣銀行經濟研究室編：《臺灣文獻史料叢刊》第六輯，臺灣：大通書局，民國47年），頁77。
〔註125〕見《東壁樓集》卷一，《全臺詩》頁90。

婦女了獨守空閨的情愫，以及相隔兩地的孤苦心情、無處訴說的苦澀。然而，只能怪夜太長，讓孤獨寂寞的情緒在夜晚纏繞不休。

　　而〈閨思〉一詩：

　　　閨中遙相思，寂寞倚玉樹。憶昔當年時，幸喜獲良遇。
　　　共枕席未溫，又欲裝行具。別君意難留，淚落如春雨。
　　　揮馬從軍去，昂昂登前路。妾歸空房裏，苦情竟莫訴。
　　　念軍在邊庭，朝夕其誰顧。身役王家事，敢思不敢怨。
　　　望君榮歸里，騎從如雲護。須念糟糠妻，莫負更新娶。〔註126〕

此詩中藉由回憶初遇時光，與分離的依依不捨相對比，襯托出分隔二地的苦情思念。詩中又擔心良人行軍異地，但對丈夫投身軍旅卻是「身役王家事」，更希望丈夫能凱旋、平安歸來，但末聯「須念糟糠妻，莫負更新娶」卻又寫出了主角擔憂良人別移情別戀，成為複雜的情緒、矛盾心情。

　　而〈閨苑〉一詩：

　　　無語坐閨幃，風雨飛玉砌。忽憶當年時，皓齒朱唇麗。
　　　隨君月下遊，指天同立誓。白頭願相從，到老無分儷。
　　　豈期男子心，一朝盡乖戾。忘卻月下言，更與新人締。
　　　愛彼婉柔貌，喜彼性情慧。日日同坐起，攜手又牽袂。
　　　棄妾終不顧，視我如路泥。苦情其誰憐，卻將琵琶捩。
　　　欲彈改憂衷，不覺垂淚涕。惟望秋風吹，聲飄到君際。
　　　傳言哀怨情，須念共並蒂。休效漢相如，使我白頭題。〔註127〕

此詩描寫一位棄婦心中的愁苦和哀怨。「無語」、「獨坐」兩個動作性，回想當年鶼鰈情深，到如今丈夫移情別戀，琵琶他抱，心聲惻惻，哀婉動人。詩中這名女子雖然被丈夫拋棄，對丈夫的無情無義感到痛心，但是他不吵不鬧，希望丈夫有朝一日能想起兩人當初的夫妻恩情，回心轉意，並以卓文君作〈白頭吟〉，理性智慧得令司馬相如回心轉意的典故，細膩描繪出女子愁腸百結、怨而不懟的心情，刻畫出棄婦深情哀怨、堅強聰慧的形象。

　　而〈覽鏡〉一詩：

　　　閨女開鸞鏡，臨粧皺雙眉。蒼髮今將白，君歸未可期。
　　　明月時相照，秋風肅冰肌。紅顏雖能改，舊情猶可思。〔註128〕

〔註126〕見《東壁樓集》卷一，《全臺詩》頁73。
〔註127〕見《東壁樓集》卷一，《全臺詩》頁74。

本詩從閨中婦女的覽鏡梳妝寫起，用細微的筆觸刻畫動作，寫出女子照鏡時的憂愁和情思，擔憂自己年老色衰，丈夫移情別戀，詩中充滿委曲婉轉的濃厚閨情。若以鄭經當時所處的時空背景對照，末聯「紅顏雖能改，舊情猶可思」可說是鄭經對於恢復西方故土的思念，縱使時光推移，但是對於復國的心情，卻不會改變。以上諸例，都可以理解鄭經身在東寧，卻心懷故國，透過閨怨詩的創作，自比爲閨中婦女等待良人，讓詩意含蓄卻有餘味。

（四）待起的沉潛

　　鄭經將在臺十年詩作《東壁樓集》付梓刊行，目的是「以明己志」，透過《東壁樓集》也看出，鄭經對國家的想望，表現在整戈待旦的復國志氣，以及懷想故國的心情。

　　鄭經身爲東寧一地的掌權者，萬人之上的寂寞孤獨感常出現在詩中，雖然此類詩作主軸爲描寫待起的雄心壯志，但在鄭經如此豪情的背後，仍隱藏者戰士通往勝利前的寂寞和沉潛時的孤獨，例如〈駐師澎島除夜作_{得江字}〉：

> 舳艫連遠漢，旗旆蔽長江。帆影掛山路，波聲度石矼。
>
> 人家點遠浦，葉草隱孤艭。旗動亂雲色，鼓鳴雜水淙。
>
> 淒淒寒夜火，寂寂客船窗。漏盡更新令，春暉照萬邦。〔註129〕

描寫江畔舳艫千里準備出征的戰船，在深夜時分，萬籟俱寂時，夜火、漏更聲堆疊出淒冷的氣氛，雖是悲涼的意象，卻末句卻充滿壯志的積極作爲，一定要使明室的春暉照耀中土大地。又如〈偶吟再續〉：

> 眾星待月明，明月自孤行。猶似一人出，掃除天下平。〔註130〕

以孤獨的明月自比，而眾星待月出，可以掃靖國仇家恨，天下太平。

　　而〈不寐〉：

> 寂寞常不寐，中夜獨長籲。腥氛滿天地，中原盡狼胡。
>
> 政令出群小，誅戮皆無辜。萬姓遭狼毒，誰能振臂呼。
>
> 聞風常起舞，對月問錕鋙。聽潮思擊楫，夜雪憶平吳。
>
> 遵養待時動，組練十萬夫。〔註131〕

此詩中強烈的傳達出剛健不息的復國情志，描寫鄭經爲了復國大業，經常夜

〔註128〕見《東壁樓集》卷一，《全臺詩》頁85。

〔註129〕見《東壁樓集》卷五，《全臺詩》頁155。

〔註130〕見《東壁樓集》卷七，《全臺詩》頁162。

〔註131〕見《東壁樓集》卷一，《全臺詩》頁85。

夜失眠規畫積極練兵、勵精圖治的戰略，並且自我期許能夠振臂一呼，解救中土百姓於胡氛中，於是他「遵養待時動，組練十萬夫」，待時而動，希望能夠一舉復國！

第三節　好古擬古

詩歌是語言精粹的文學形式，以有限的文字，描繪眾多的物象，表達複雜的思想與豐富的情感；其來源每取材於典籍故實，借典達意，以體現詩歌語言的精練含蓄。張仁青云：

> 凡引證歷史中事實及前人語言入詩者，都是典故，前者謂之「用事」，後者謂之「用詞」。〔註132〕

將典故穿插在詩句中，使詩詞作品在共同的情感基礎上易於聯結，自然會豐富詩句的涵義和意象。在《東壁樓集》中擬古的現象可以分為幾類：

一、自為樂府

郭茂倩《樂府詩集》：

> 樂府之名，起於漢、魏。自孝惠帝時，夏侯寬為樂府令，始以名官。至武帝，乃立樂府，采詩夜誦，有趙、代、秦、楚之謳。則采歌謠，被聲樂，其來蓋亦遠矣。凡樂府歌辭，有因聲而作歌者，若魏之三調歌詩，因弦管金石，造歌以被之是也。有因歌而造聲者，若清商、吳聲諸曲，始皆徒歌，既而被之弦管是也。有有聲有辭者，若郊廟、相和、鐃歌、橫吹等曲是也。有有辭無聲者，若後人之所述作，未必盡被於金石是也。新樂府者，皆唐世之新歌也。以其辭實樂府，而未常被於聲，故曰新樂府也。元微之病後人沿襲古題，唱和重複，謂不如寓意古題，刺美見事，猶有詩人引古以諷之義。近代唯杜甫〈悲陳陶〉、〈江頭〉、〈兵車〉、〈麗人〉等歌行，率皆即事名篇，無複倚旁。乃與白樂天、李公垂輩，謂是為當，遂不復更擬古題。因劉猛、李餘賦樂府詩，咸有新意，乃作〈出門〉等行十餘篇。其有雖用古題，全無古義，則〈出門行〉不言離別，〈將進酒〉特書列女。其或頗同古義，

〔註132〕見張仁青：〈高啟詩之用典藝術〉，（香港新亞研究所：《明代文學復古與革新研討會論文集》，2000年7月）。

全創新詞，則〈田家〉止述軍輸，〈捉捕〉請先螻蟻。如此之類，皆
名樂府。由是觀之，自風雅之作，以至於今，莫非諷興當時之事，以
貽後世之審音者。儻采歌謠以被聲樂，則新樂府其庶幾焉。〔註133〕
說明唐後之新樂府有幾項特點：一是有詩人引古以諷之義；二是皆即事名篇，
無複倚旁；三是雖用古題，全無古義。

　　又胡震亨《唐音癸籤·體凡》云：

諸詩內又有詩與樂府之別，樂府內又有往題、新題之別。往題者，
漢、魏以下，陳、隋以上樂府古題，唐人所擬作也；新題者，古樂
府所無，唐人新製爲樂府題者也。其題或名歌，亦或名行，或兼名
歌行。又有曰引者，曰曲者，曰謠者，曰辭者，曰篇者，有曰詠者，
曰吟者，曰嘆者，曰唱者，曰弄者，復有曰思者，曰怨者，曰悲若
哀者，曰樂者，凡此皆屬樂府，然非必盡譜之於樂。〔註134〕

根據詩題而言，樂府又有往題與新題二種。往題爲漢、魏以下，陳、隋以上
樂府古題，唐人所擬作者。胡氏注曰：

諸家既有，而李白所擬爲多，皆仍樂府舊名。李賀擬古樂府，多別
爲之名，而變其舊。〔註135〕

整理歸納，可以歸結出《東壁樓集》中，多使用樂府中的古題進行創作，擬
古氣氛濃厚。例如：〈江上吟〉〔註136〕、〈夜坐吟〉〔註137〕、〈江風行〉〔註138〕、
〈春江花月夜〉〔註139〕寫寂寞心情；〈君不來〉〔註140〕以女性閨怨的口氣，

〔註133〕見郭茂倩：《樂府詩集》，（臺北：中華書局，民國55年）卷90。
〔註134〕見胡震亨：《唐音癸籤》，（臺北：木鐸出版社，民國71年初版）卷1，頁2。
〔註135〕同上註。
〔註136〕見《東壁樓集》卷一，《全臺詩》頁72，〈江上吟〉：「寂寞在江上，風雨夜瀟
　　　　瀟。飛螢數萬點，煙氣連碧宵。漁舟雲邊返，停棹繫綠條。市酒歸獨酌，狂
　　　　歌自逍遙。江樹著雨急，灑落隨風飄。靜坐思往事，開窗夜聽潮。殘燈伴孤
　　　　枕，濃睡不覺宵。」
〔註137〕見《東壁樓集》卷一，《全臺詩》頁73，〈夜坐吟〉：「獨坐尚未久，譙樓鼓轉
　　　　深。殘月初吐影，微雲共浮沉。秋風中夜發，戶戶搗衣砧。砧聲鳴不息，盡
　　　　是故人心。餘音暗吹入，爲君起短吟。」
〔註138〕見《東壁樓集》卷一，《全臺詩》頁75，〈江風行〉：「終歲行客路，迢遙日首
　　　　東。身如投林燕，又似往來鴻。日日行江上，萬里一艨艟。扁舟破巨浪，孤
　　　　帆乘長風。風吹飛箭急，倏忽萬山空。日落晚霞接，返照半天紅。覓宿無處
　　　　所，客心自悅悅。」
〔註139〕見《東壁樓集》卷一，《全臺詩》頁85，〈春江花月夜〉：「臥病纔初起，兩岸
　　　　忽更新。春氣氤氳繞，明月若逡巡。綠草盈江滸，桃李自蓁蓁。鴻雁歸北去，

抒發愁緒；〈少年行〉寫意氣風發的豪客行徑；〈從軍行〉〔註141〕、〈獨不見〉〔註142〕寫矢志復國的豪情壯志；〈江上曲〉〔註143〕、〈採蓮曲〉〔註144〕寫明媚風光和閒適心情，尤其〈採蓮曲〉一詩，漾出濃厚的樂府民歌風味；而樂府詩作中，美刺的作用在〈野田黃雀行〉〔註145〕一詩中得見，此詩善用諷刺比喻的技巧，以雀鳥來投射現狀，但可惜的是，此類「抒下情而通風諭」的詩作在《東壁樓集》中並不多見。

二、以古詩句爲題作詩

　　《東壁樓集》中出現許多以前人詩句爲題作詩的情形，統計共有七十七首，佔全集百分之十六。這些詩題多半取自晉唐大家之作。

　　引自晉代者有四家：

子規夜相親。子規月下啼，閨女不勝凄。畫舫香薰馥，盡是落花棲。江月分上下，平明兩相締。遊翫花月景，不覺月欲西。」

〔註140〕見《東壁樓集》卷一，《全臺詩》頁76，〈君不來〉：「別君不盡意，俱在此酒杯。分手自茲去，拭淚復徘徊。與君共訂約，歸期定開梅。良人去路遠，日冒風塵埃。妾回深閣裏，朝朝懶粧臺。愁腸莫可寄，聊作數字裁。又遇鵲橋渡，飛雨砌玉陔。追思牛女會，不覺淚滿腮。轉眼值歲暮，霜雪紛紛皑。梅花今如許，迴想君不來。」

〔註141〕見《東壁樓集》卷四，《全臺詩》頁132，〈從軍行〉：「沙漠胡塵掃未空，邯鄲壯士始從戎。露光夜冷太阿劍，煙氣朝侵大宛驄。曉出櫛風龍塞外，暮歸冒雪雁關中。艱難歷盡心猶銳，跋涉休辭志自雄。」

〔註142〕見《東壁樓集》卷一，《全臺詩》頁74，〈獨不見〉：「腥羶滿中原，林木巢胡燕。天子蒙塵出，皆緣諸臣譴。壯士懷激烈，忠心在一片。義旗照天地，驛絡蔽日晛。徒苦諸群黎，作計良不善。胡騎一朝至，人人自爲變。我今興王師，討罪民是言。組練熊羆卒，遵養在東洵。企望青鸞至，年年獨不見。」

〔註143〕見《東壁樓集》卷一，《全臺詩》頁75，〈江上曲〉：「生長清江上，不識揮耕鋤。理絲釣巨鯨，碧水日夜居。紫薑調江鱸，村酒每獨醵。和歌共笑傲，瀟灑神自舒。醉罷歡就寢，潦倒一竹篨。」

〔註144〕見《東壁樓集》卷一，《全臺詩》頁84，〈採蓮曲〉：「長江青荷滿，一望若杳茫。日氣蒸紅綠，風吹數里芳。蓮女採蓮去，揮棹動蓮艎。採蓮穿蓮裏，花葉開處航。蕭疏露人影，重密隱毛姜。綠葉雜衣袖，紅花渾臉妝。近看方有別，遠望兩相忘。纖纖出素手，尋花撥蒲菖。折花腰半曲，橫身倚畫檣。羅衣透香汗，脂粉變瓊漿。採倦相邀出，嘻笑綠陰傍。花日兩兩映，碧水佩風裳。綠陰斜日暮，風波共清揚。乘風隨波返，齊唱采蓮章。爭先同奮力，如飛入南莊。擊水鳴蘭榜，驚走雙鴛鴦。穿盡白楊道，滿舡荷花香」。

〔註145〕見《東壁樓集》卷一，《全臺詩》頁86，〈野田黃雀行〉：「黃雀在稻場，高低任翺翔。穿啄青禾裏，爭食禍並忘。虞人開羅網，兩兩列成行。黃鵠鳴天上，雀聞魂自忙。無心求飽食，亂投入機張。爲羅毆雀者鸇，爲我毆民者羌。」

引用作家	《東壁樓集》詩題
左思	〈山水有清音〉〔註146〕
顧愷之	〈夏雲多奇峰〉〔註147〕
謝朓	〈天際識歸舟〉〔註148〕
陶宏景	〈山中何所有〉〔註149〕

　　引自唐代者有三十一家。被引用最多的是杜甫，共有十五首；其次為王維；李白、宋之問、張九齡亦不在少數。

引用作家	《東壁樓集》詩題
楊師道	〈雲歸起夕涼〉〔註150〕
李世民	〈晚煙含樹色〉〔註151〕
劉希夷	〈畫舫煙中淺〉〔註152〕、〈風止夜何清〉〔註153〕
王適	〈別離同夜月〉〔註154〕
陳子昂	〈風泉夜聲雜〉〔註155〕
杜審言	〈春江弄晚晴〉〔註156〕
崔湜	〈江色晚來清〉〔註157〕
宋之問	〈源水看花入〉〔註158〕、〈春遲柳暗催〉〔註159〕、〈翠微懸宿雨〉〔註160〕、〈地盡天水合〉〔註161〕

〔註146〕引自晉左思〈招隱〉其一。
〔註147〕引自顧愷之〈四時〉。
〔註148〕引自謝朓〈之宣城郡出新林浦向板橋〉。
〔註149〕引自陶宏景〈詔問山中何所有賦詩以答〉。
〔註150〕引自楊師道〈奉和夏日晚景應詔〉。
〔註151〕引自李世民〈賦得白日半西山〉。
〔註152〕引自劉希夷〈江南曲八首〉之二。
〔註153〕引自劉希夷〈嵩嶽聞笙〉。
〔註154〕引自王適〈蜀中言懷〉。
〔註155〕引自陳子昂〈酬暉上人秋夜山亭有贈〉。
〔註156〕引自杜審言〈春日江津遊望〉。
〔註157〕引自崔湜〈襄城即事〉。
〔註158〕引自宋之問〈陸渾山莊〉。
〔註159〕引自宋之問〈奉和晦日幸昆明池應制〉。
〔註160〕引自宋之問〈發端州初入西江〉。
〔註161〕引自宋之問〈洞庭湖〉。

沈佺期	〈開窗月露微〉〔註162〕
張若虛	〈落月搖情滿江樹〉〔註163〕
姚崇	〈聞香暗識蓮〉〔註164〕
蘇頲	〈當軒半落天河水〉〔註165〕、〈危途曉未分〉〔註166〕
張說	〈嚴壑清音暮〉〔註167〕、〈閒居草木侍〉〔註168〕
劉慎虛	〈深柳讀書堂〉〔註169〕
張九齡	〈幽林歸獨臥〉〔註170〕、〈一水雲際飛〉〔註171〕、〈眾妍在朝暾〉〔註172〕、〈山川歷歷在清晨〉〔註173〕、〈滯慮洗孤清〉〔註174〕
孟浩然	〈鳥過煙樹宿〉〔註175〕、〈花下問漁舟〉〔註176〕、〈荷風送香氣〉〔註177〕
祖詠	〈閒坐聽春禽〉〔註178〕、〈江聲夜聽潮〉〔註179〕
王昌齡	〈月明移舟去〉〔註180〕
韋述	〈花飛樵路香〉〔註181〕
儲光羲	〈群峰懸中流〉〔註182〕、〈澗水吞樵路〉〔註183〕

〔註162〕引自沈佺期〈酬蘇員外味道夏晚寓直省中見贈〉。
〔註163〕引自張若虛〈春江花月夜〉。
〔註164〕引自姚崇〈夜渡江〉。
〔註165〕引自蘇頲〈侍宴安樂公主山莊應制〉。
〔註166〕引自蘇頲〈興州出行〉。
〔註167〕引自張說〈奉和聖制登驪山矚眺應制〉。
〔註168〕引自張說〈聞雨〉。
〔註169〕引自劉慎虛〈闕題〉。
〔註170〕引自張九齡〈感遇〉四首其三。
〔註171〕引自張九齡〈彭蠡湖上〉。
〔註172〕引自張九齡〈歲初巡屬縣，登高安南樓言懷〉。
〔註173〕引自張九齡〈奉和聖制早發三鄉山行〉。
〔註174〕引自張九齡〈感遇〉其三。
〔註175〕引自孟浩然〈閑園懷蘇子〉。
〔註176〕引自孟浩然〈梅道士水亭〉。
〔註177〕引自孟浩然〈夏日南亭懷辛大〉。
〔註178〕引自祖詠〈蘇氏別業〉。
〔註179〕引自祖詠〈江南旅情〉。
〔註180〕引自王昌齡〈太湖秋夕〉。
〔註181〕引自韋述〈春日山莊〉。
〔註182〕引自儲光羲〈同諸公秋霽曲江俯見南山〉。
〔註183〕引自儲光羲〈同諸公登慈恩寺塔〉。

王維	〈疎鐘聞夜猿〉〔註184〕、〈坐看雲起時〉〔註185〕、〈江流天地外〉〔註186〕、
王維	〈疎鐘聞夜猿〉〔註184〕、〈坐看雲起時〉〔註185〕、〈江流天地外〉〔註186〕、〈香畏風吹散〉〔註187〕、〈終日無心長自閒〉〔註188〕、〈主人孤島中〉〔註189〕、〈漁歌入浦深〉〔註190〕、〈清溪一道穿桃李〉〔註191〕、〈空翠濕人衣〉〔註192〕
李白	〈山逐泛舟行〉〔註193〕、〈水引寒烟沒江樹〉〔註194〕、〈語笑未了風吹斷〉〔註195〕、〈雲臥留丹壑〉〔註196〕
高適	〈胸懷豁清夜〉〔註197〕
吳少微	〈清懷尋寂寞〉〔註198〕
岑參	〈年年春色爲誰來〉〔註199〕、〈蘆花映釣船〉〔註200〕
杜甫	〈江湖後搖落〉〔註201〕、〈松浮欲盡不盡雲〉〔註202〕、〈紅見海東雲〉〔註203〕、〈玉山高並兩峰寒〉〔註204〕、〈絕島容煙霧〉〔註205〕、〈江路野梅香〉〔註206〕、〈青惜峰巒過〉〔註207〕、〈花柳更無私〉

〔註184〕引自王維〈酬虞部蘇員外過藍田別業不見留之作〉。
〔註185〕引自王維〈終南別業〉。
〔註186〕引自王維〈漢江臨汎〉。
〔註184〕引自王維〈酬虞部蘇員外過藍田別業不見留之作〉。
〔註185〕引自王維〈終南別業〉。
〔註186〕引自王維〈漢江臨汎〉。
〔註187〕引自王維〈早春行〉。
〔註188〕引自王維〈答張五弟〉。
〔註189〕引自王維〈送秘書晁監還日本國〉。
〔註190〕引自王維〈酬張少府〉。
〔註191〕引自王維〈寒食城東即事〉。
〔註192〕引自王維〈山中〉。
〔註193〕引自李白〈送儲邕之武昌〉。
〔註194〕引自李白〈贈漢陽輔錄事二首〉其二。
〔註195〕引自李白〈寄韋南陵冰余江上乘興訪之遇尋顏尚書笑有此贈〉。
〔註196〕引自李白〈口號贈徵君鴻〉。
〔註197〕引自高適〈過盧明府有贈〉。
〔註198〕引自吳少微〈和崔侍禦日用游開化寺閣〉。
〔註199〕引自岑參〈登古鄴城〉。
〔註200〕引自岑參〈尋鞏縣南李處士別居〉。
〔註201〕引自杜甫〈蒹葭〉。
〔註202〕引自杜甫〈閬山歌〉。
〔註203〕引自杜甫〈晴〉二首其一。
〔註204〕引自杜甫〈九日藍田崔氏莊〉。
〔註205〕引自杜甫〈大曆三年春白帝城放船出瞿塘峽久居夔府將適江陵漂泊有詩凡四十韻〉。
〔註206〕引自杜甫〈西郊〉。

	〔註208〕、〈江鳴夜雨懸〉〔註209〕、〈江流宿霧中〉〔註210〕、〈花葉隨天意〉〔註211〕、〈江山非故園〉〔註212〕、〈星月動秋山〉〔註213〕、〈暗飛螢自照〉〔註214〕、〈五月江深草閣寒〉〔註215〕
元結	〈半崖聞水聲〉〔註216〕
馬戴	〈僧歸渡水雲〉〔註217〕
劉長卿	〈鐘過白雲來〉〔註218〕
法振	〈一片春帆帶雨飛〉〔註219〕
柳宗元	〈露白秋江曉〉〔註220〕

三、以古詩題為題作詩

《東壁樓集》詩題	所引用古詩題出處
〈遣興〉	杜甫有〈遣興〉詩三首。
〈水檻遣心〉	杜甫有〈水檻遣心〉詩二首。
〈暮秋山行〉	岑參有〈暮秋山行〉詩。
〈蓮舟買荷度〉	南朝梁簡文帝有〈蓮舟買荷度〉詩。
〈風雨看舟前落花〉	杜甫有〈風雨看舟前落花戲為新句〉詩
〈桃源行〉	王維、劉禹錫、王安石有〈桃源行〉等。
〈蒹葭〉	杜甫有〈蒹葭〉詩。
〈鳥鳴磵〉	王維有〈鳥鳴澗〉詩。
〈晚晴〉	杜甫有〈晚晴〉詩。
〈客至〉	杜甫有〈客至〉詩。

〔註207〕引自杜甫〈放船〉。
〔註208〕引自杜甫〈後遊〉。
〔註209〕引自杜甫〈船下夔州郭宿，雨濕不得上岸，別王十二判官〉。
〔註210〕引自杜甫〈客亭〉。
〔註211〕引自杜甫〈冬深〉。
〔註212〕引自杜甫〈日暮〉。
〔註213〕引自杜甫〈草閣〉。
〔註214〕引自杜甫〈倦夜〉。
〔註215〕引自杜甫〈嚴公仲夏枉過草堂，兼攜酒饌，得寒字〉。
〔註216〕引自元結〈夜宴石魚湖作〉。
〔註217〕引自馬戴〈送僧歸金山寺〉。
〔註218〕引自劉長卿〈自道林寺西入石路至麓山寺，過法崇禪師故居〉。
〔註219〕引自法振〈送友人之上都〉。
〔註220〕引自柳宗元〈與崔策登西山〉。

〈聞雨〉	張說有〈聞雨〉詩。
〈晚投南村〉	衛葉有〈晚投南村〉詩。
〈秋興〉	杜甫有〈秋興〉詩。
〈遣憤〉	杜甫有〈遣憤〉詩。
〈尋隱者不遇〉	賈島有〈尋隱者不遇〉詩。
〈感遇〉	張九齡有〈感遇〉詩。
〈喜雨〉	杜甫有〈春夜喜雨〉詩。
〈望月懷遠〉	張九齡有〈望月懷遠〉詩。
〈登樓〉	杜甫有〈登樓〉詩。
〈野望〉	杜甫有〈野望〉詩。
〈柳陌聽早鶯〉	陶翰有〈柳陌聽早鶯〉詩。
〈蟬〉	李商隱有〈蟬〉詩
〈江中對月〉	劉長卿有〈江中對月〉
〈閒居即事〉	朱慶餘有〈閒居即事〉詩

　　從以上兩目可觀察出鄭經在《東壁樓集》中，所使用唐代作家的詩題、詩句為最多。

　　鄭經生在國力已弱的明末，後落難東寧的處境，他試圖用擬唐復古的方式，在詩作中去恢復明室的國力，期盼回到承平盛世。

四、詩化的詩題

　　除了引用、轉用古詩句、詩題為題作詩外，《東壁樓集》中亦有許多使詩題具有「詩化」的情形，「詩化」的詩題在《東壁樓集》中為數不少。，多是依照近體詩創作原則。例如：

　　「二、二、一」句式：〈秋江花月夜〉、〈暮雨愁猿聲〉等。

　　「二、一、二」句式：〈山光見鳥情〉、〈寒江動碧虛〉、〈落葉沒蒼苔〉、〈竹間窺戶月〉、〈臨風憶故人〉等。

　　「上二下三」句式：〈水色含羣動〉、〈晚泊就人煙〉、〈秋色晚來清〉等。

　　「上四下三」句式：〈雪滿空山難認鶴〉、〈寒天暮雨空山裏〉、〈花間蛺蝶醉芳歸〉、〈涼夜開窗會素娥〉、〈微茫曙色滿滄洲得明字〉等。

　　范況《中國詩學通論》云：

　　　　古今人不相及，詩無論矣。即觀其題，已顯判時代。唐人作詩，於題

目不輕下一字,亦不輕漏一字,必斟酌妥善,其間多寓意。作詩必顧
題,並不遺漏參差。亦有詩成然後裝題者,其命題不苟可知。〔註221〕

鄭經具有深厚的家學淵源,父親鄭成功本乃一介儒生,曾執禮明末大家錢謙
益門下;鄭經於《東壁樓集》自序中亦有云:「余年頗長,乃日事弓馬,不務
刀筆。」〔註222〕可見鄭經受父命帶兵征戰之前,是一直過著筆墨相伴的生活;
因此,採擷經史百家之語入詩,而能了無痕跡的以簡馭繁、以古人、古事、
古語來傳達心中情意。

第四節　韻腳選擇

自古以來,無數優美的詩詞歌賦都是押韻的文章;詩歌之押韻,既便於
吟誦與記憶,又使作品具有節奏、聲調之美。《文心雕龍·聲律》篇:

是以聲畫蚩妍,寄在吟詠,滋味流於下句,風力窮於和韻。異音相
從謂之和,同聲相應爲之韻。韻器一定,則餘聲易遣;和體抑揚,
故遺響難契。〔註223〕

可知詩之情趣意味與風采骨力,皆寄託在練字度句之間,將聲調調配得宜;
如此便能在吟詠中體會詩的諧聲和韻律之美。

古典詩詞的創作,格律、聲調、平仄脫離不了關係,也因爲這些規定,
使得古典詩歌更具韻律美。而且韻腳的選擇使用,和作者想要抒發的情緒息
息相關。

《東壁樓集》中有五言古詩八十八首、七言古詩六十首,古體詩佔全詩
集約百分之三十。因古體詩格律比較自由,不拘對仗、平仄、字數不拘,押
韻寬,韻腳可平可仄,亦可換韻;故對《東壁樓集》中古體詩的用韻情形,
今存而不論。

近體詩篇有定句,句有定字,韻有定位,字有定聲,聯有定對(律詩),
格律極嚴;與古體詩相比,形式更整齊,節奏更爲和諧。《東壁樓集》中的近
體詩共計三百三十二首。統計其韻部使用狀況,得上平聲一百四十三次,占
百分之四十三;下平聲一百八十五次,占百分之五十五。韻部使用次數的情

〔註221〕見范況:《中國詩學通論》(臺北:臺灣商務書局,民國84),頁208。
〔註222〕見《東壁樓集·自序》。
〔註223〕見劉勰:《文心雕龍》,(北京:中華書局,1985年),卷7,頁46。

形如下表：

韻部	上平聲	一東	二冬	三江	四支	五微	六魚	七虞	八齊	九佳	十灰	十一眞	十二文	十三元	十四寒	十五刪
次數	143	16	4	2	13	11	3	10	11	4	7	24	7	12	10	9
韻部	下平聲	一先	二蕭	三肴	四豪	五歌	六麻	七陽	八庚	九青	十蒸	十一尤	十二侵	十三覃	十四鹽	十五咸
次數	185	28	17	2	4	6	10	20	33	7	5	26	19	5	3	0

一、多押庚韻

清周濟《介存齋論詞雜著・宋四家詞選目錄序論》云：

> 東、眞韻寬平，支、先韻細膩，魚、歌韻纏綿，蕭尤韻感慨，各有聲響，莫草草亂用。〔註224〕

王易《詞曲史・構律》云：

> 韻與文情關係至切，平韻和暢，上去韻纏綿，入韻迫切，此四聲之別也。東董寬洪，江講爽朗，支紙縝密，魚語幽咽，佳蟹開展，眞軫凝重，元阮清新，蕭篠飄灑，歌哿端莊，麻馬放縱，庚梗振厲，尤有盤旋，侵寢沉靜，覃感蕭瑟，屋沃突兀，覺藥活潑，質術急驟，勿月跳脫，合盍頓落，此韻部之別也，此雖未必切定，然韻切者情亦相近，其大較可審辨得之。〔註225〕

謝雲飛《文學與音律》：

> 凡「佳、咍」的韻語，都有悲哀的情感；凡「微、灰」的韻語，都含有氣餒抑鬱的情思；凡「蕭、肴、豪」的韻語，都含有輕佻、妖嬈之意；凡「尤、侯」的韻語，都似乎含有千般愁怨，無法申訴的意味似的；凡「寒、桓」韻的韻語，都含有黯然神傷，偷彈雙淚的情愫，適用於獨自傷情的詩；凡「眞、文、魂」韻的韻語，都含有苦悶、深沈、怨恨的情調；凡「庚、青、蒸」韻的韻語，都含有一

〔註224〕見周濟《介存齋論詞雜著》，（北京：人民文學出版社，1998年），頁14。
〔註225〕王易：《詞曲史》，（臺北：廣文書局，1988年），頁283。

種淡淡的哀愁，似乎又有相當理智的情愫；凡「魚、虞、模」韻的韻語，都含有日暮途窮，極端失意的情感。〔註226〕

上述諸家所言，都認為聲情與文情關係密切，所以我們可以從韻腳的使用狀況，約略瞭解作者創作時的內心世界。

《東壁樓集》中的近體詩以押下平聲八庚韻為最多；凡「庚」韻的韻語，都含有淡淡的哀愁，卻有理智的情愫蘊含在內。如〈涼氣〉一詩：

柴門斜出逐江橫，天晚江間景自清。

纔見殘陽盤海色，忽聞驟雨落蓮聲。

寒煙拂拂空中繞，冷氣淒淒水際生。

靜夜風光頻獨對，閒來聊作短歌行。〔註227〕

此詩寫日暮望海的景象。首聯點出時間地點，傍晚的江間景色仍有一片清新之氣。次聯視聽俱出，寫傍晚的斜陽殘照海上，卻忽聞驟雨打葉聲。三聯再從觸覺入手描寫傍晚的煙霧在空中繚繞，涼氣亦從江面升騰而出。獨自面對殘照景象，景悲人獨，只好作詩自娛。

又如〈聞笛〉：

牧子歸來一笛橫，風吹出谷凌空聲。

嗚嗚斷續悲猿淚，嫋嫋高低啼鳥嚶。

幽壑遊鱗爭起舞，孤舟嫠婦忽魂驚。

重林窈窈雲無盡，窗外青山移我情。〔註228〕

此詩首句點題，牧童的笛聲因風吹散於山谷間，高低婉轉，笛聲斷斷續續，就像是猿猴的悲啼；又悠揚不絕的笛聲，如忽高忽低的鳥鳴。這樣的笛聲可翻騰得使山林谿壑間的鮫魚在水底翻騰起舞，又彷彿悲哀得可使舟中寡婦心驚。這樣令人悲傷且幽深的笛聲，在重重密林中迴盪，只有藉著窗外的青山來轉移聞笛時的心情。

又如〈別山僧得生字〉一詩：

遠公今別我，山遊盡嶸崢。日入煙霞裡，暮依星月明。

早行視店火，晚宿聽鐘聲。一砵鍋頭飯，幾根野菜羹。

荷衣披露濕，草屨踏雲行。遠見秋猿叫，近聞野鵠鳴。

〔註226〕見謝雲飛：《文學與音律》，（臺北：東大圖書公司，民國67年），頁61～63。
〔註227〕見《東壁樓集》卷四，《全臺詩》頁144。
〔註228〕見《東壁樓集》卷四，《全臺詩》頁138。

　　　　于今飛錫去，誰能悟三生。〔註229〕

在離別的愁緒中，帶著對人生的體悟，不乏理智的反省。

　　偶有例外者：《東壁樓集》中也有極少數聲情與詩情不符的作品，如五言排律〈乘潮至漁家得東字〉一首：

　　　　輕舟出海東，惟任一江風。秋老景蕭索，煙深氣鬱蔥。

　　　　金風吹遠棹，碧浪送孤篷。日落懸滄海，雲歸掛疊崧。

　　　　芙蓉依水浦，鳧雁隱沙潀。江漢相連接，煙波共冥濛。

　　　　欲知投宿處，只在綠楊中。〔註230〕

此詩中的韻腳：風、蔥、篷、崧、潀、濛、中屬上平聲一東韻；平聲的聲情和暢，東韻寬洪，使用上平聲一東韻應該是書寫歡暢、舒適的遊覽心情，但是遍觀此詩，找不到一絲「寬洪」，卻是落寞的心情表露無遺。

　　雖閒適的搭乘「輕舟」出海，但「惟任」江上西風吹拂；蕭索的天氣、日落的寂寥與孤舟相映，透露出十分無奈。但這可能是分韻時得「東」字，不得不使用，故語氣中顯現的孤寂蕭條之感，與聲情形成強烈反差，於此亦可見鄭經的矛盾的內心世界。

二、多選寬韻

　　王力在《漢語詩律學》中以「便於用與不便於用」之原則，將三十個平聲韻分為寬韻、中韻、窄韻、險韻等四類。〔註231〕「寬韻」指同一韻目的韻字較多，用韻時選擇空間較大，韻字容易與詩意貼合，不會產生以韻害意之弊病；計有：四支等八韻。「中韻」則字數較寬韻少，但仍屬容易選用的韻目；計有十三元等十一韻。「窄韻」是字數少而比較難選用的韻目；計有五微等七韻。「險韻」是字數少且字都較冷僻的韻目；計有三江等四韻。

　　若依王力聲韻之分類檢視《東壁樓集》中近體詩之用韻，計寬韻有一百七十首，中韻有一百零三首，窄韻有四十七首，險韻有八首。

　　由本文第四章分析可知，《東壁樓集》中以模山範水的詩歌為數最多，且鄭經並無太多亡國遺民的濃重哀傷，加上位高權貴，東寧山明水秀，風景如畫，雖然心情可能孤獨寂寞，但仍平靜安詳，故多使用「寬韻」，展現了虛靜

〔註229〕見《東壁樓集》卷五，《全臺詩》頁155。

〔註230〕見《東壁樓集》卷五，《全臺詩》頁155。

〔註231〕見王力：《漢語詩律學》，（香港：中華書局，1976年），頁44。

澹然的風格。

綜觀全集，可知韻腳的聲情在鄭經的控制之下，揮灑自如；或寫平暢的胸懷，或寫憂鬱的情緒，透過押韻的音樂性，都能或正面、或側面地表達出作者內心的眞實情感。

第五節　色彩設計

詩人在使用色彩字時，可能是描繪實景，可能是抒發想像，也可能是透露他潛在的心理狀態。因此，色彩字不僅爲修辭之重要材料，亦是研究作家作品時的重要資訊。〔註232〕《文心雕龍·物色篇》：

春秋代序，陰陽慘舒，物色之動，心亦搖焉。〔註233〕

鄭經來到東寧，將權力下放家臣陳永華後，便經常遊賞山水林壑間，加上自幼文學素養的的積累，手寫眼見，隨意運用色彩來豐富作品，使得詩歌的意象更加具體化，形成瑰麗綺靡的感受。

大凡以色彩詞彙入詩，可分爲「非色之色」、「不見之色」、「色相俱足」等三種顏色設計方式；〔註234〕本節據此分析鄭經《東壁樓集》的色彩使用方式和特點。

一、非色之色

所謂「非色之色」之顏色使用方式，即是雖有「顏色字」的語詞出現，但卻不具實質色彩的語料。例如：

〈獨不見〉：「企望**青鸞**至，年年獨不見。」〔註235〕青鸞比喻的是中原的救兵，並非實指青鳥。

〈閨苑〉：「休效漢相如，使我<u>白頭</u>題。」〔註236〕指卓文君作〈白頭吟〉

〔註232〕關於各色系的心理分析，可參閱林書堯：《色彩認識論》，（臺北：三民書局，民國84年），頁159～171。

〔註233〕見劉勰：《文心雕龍》，（北京：中華書局，1985年），卷10，頁62。

〔註234〕關於「色相俱足」、「不見之色」、「非色之色」之色彩使用方法，參見邱靖雅：〈唐詩視覺意象語言的呈現──以顏色詞爲分析對象〉，國立清華大學語言所碩士論文，民國88年，頁27～37。

〔註235〕見《東壁樓集》卷一，《全臺詩》頁74。

〔註236〕見《東壁樓集》卷一，《全臺詩》頁74。

自絕的歷史故事。

〈招隱〉：「**丹詔**時頻訪，玄纁日已頒。」〔註237〕丹詔是指天子的敕命。

〈偶見題〉：「十年存白髮，百折見**丹衷**。」〔註238〕丹衷是指赤誠的心。

〈舟中得流字〉：「**朱門**富貴休稱羨，莫若投簪漱素流。」〔註239〕古代王侯貴族的府第大門漆成紅色，以示尊貴，後泛指富貴人家。

〈元夕〉：「**紅粉**清歌竟夜徹，碧空明月送人來。」〔註240〕在此詩中比喻唱歌的女子。

以上所述雖具有色彩字，但卻不具色彩作用的語句，是為「非色之色」的色彩使用方式，以修辭學角度分析，乃屬於「借代」用法。

二、不見之色

所謂「不見之色」之顏色使用方式，即是將色調隱藏在字裡行間，雖然沒有色彩文字，卻是飽含色調，同樣可以顯示出豐富的情感色彩。鄭經在《東壁樓集》中，便是大量運用景物的色澤，使詩中呈現有色的畫面感。

〈春日渡江遊望〉：「**桃李**含嬌迎人笑，**楊柳**垂絲拂紫煙。」〔註241〕雖沒有出現顏色字，但「桃」、「李」、「楊柳」二物已將紅、綠二色點明，寫出春天熱鬧的氣象。

〈鳥過煙樹宿〉：「夕樹寒**蓊鬱**，晚山冷崟巍。」〔註242〕〈山夜〉：「春天晚景帶煙霞，**蓊鬱**芳林月色賒。」〔註243〕「蓊鬱」二字，令人立刻想到樹木繁茂或綿延一片的綠草如茵。

又如〈江上吟〉：「**殘燈**伴孤枕，濃睡不覺宵。」〔註244〕以及〈晚投南村〉：「寂寞空山路，日低天欲**昏**。」〔註245〕〈殘燈〉：「山房夜寂寞，孤客對**殘燈**。」

〔註237〕見《東壁樓集》卷四，《全臺詩》頁121。
〔註238〕見《東壁樓集》卷三，《全臺詩》頁122。
〔註239〕見《東壁樓集》卷六，《全臺詩》頁160。
〔註240〕見《東壁樓集》卷四，《全臺詩》頁140。
〔註241〕見《東壁樓集》卷二，《全臺詩》頁101。
〔註242〕見《東壁樓集》卷三，《全臺詩》頁112。
〔註243〕見《東壁樓集》卷八，《全臺詩》頁170。
〔註244〕見《東壁樓集》卷一，《全臺詩》頁72。
〔註245〕見《東壁樓集》卷三，《全臺詩》頁126。

〔註246〕因「殘燈」一詞令人想到悲苦孤寂的落寞,「昏」也令人聯想到黑暗,從詩句上的物體的意義可擴及詩人的心理意識;可見除事物本身具有色彩象徵之外,其它語詞亦可將色彩情調點染開,透露出作者的心境。

三、色相俱足

所謂「色相俱足」之顏色使用方式,即是將各種色彩直接呈現在字面上的語言,如「白雲」、「黑髮」、「黃菊」、「青山」之屬;詩人將其感受之色彩印象轉成文字敘述,讀者藉由閱讀與思考、想像,以感知詩人所傳達之情感。

(一)單色呈現

《東壁樓集》中,曾出現紅、赤、赬、朱、丹、黃、金、青、碧、蒼、翠、紫、白、素、玄、黛……等許多色彩詞彙,今將之歸納為「青」、「紅」、「黃」、「白」、「黑」、「紫」六大類。「丹」、「赤」、「朱」等顏色字,歸之於紅色系;「碧」、「蒼」、「翠」、「青」等顏色字,歸之於青色系;「黃」、「金」二字連用處,則歸之於黃色系,以作為論述之依據。若一句中出現二個以上之色彩字,則分別置於出現的色系中,以便檢索。

1、紅色系

「紅色」是一種中明度、高彩度的顏色,象徵活力與熱情,原是一種積極的色彩;但林書堯云:「喜愛紅色的人,善感而多情。」〔註247〕《東壁樓集》中有關紅色的色彩詞彙如「紅」、「赤」、「朱」、「赬」等,有八十多處之多。

鄭經多以「紅」形容晚霞,如:

〈江風行〉:「日落晚霞接,返照半天**紅**。」〔註248〕

〈晚歸故園〉:「滄波接落日,**紅**霞遍海橫。」〔註249〕

〈閒步清溪晚景〉:「晚色**紅**霓日欲西。」〔註250〕

都是描寫傍晚十分,天空因為晚霞的顏色,呈現出一片紅,畫面鮮明。

亦有以紅色系詞彙形容植物的顏色,如:〈浩然天地秋〉:「江楓染葉**紅**。」

〔註246〕見《東壁樓集》卷一,《全臺詩》頁81。
〔註247〕見林書堯:《色彩學概論》,(臺北:力文出版社,民國52年),頁107。
〔註248〕見《東壁樓集》卷一,《全臺詩》頁76。
〔註249〕見《東壁樓集》卷一,《全臺詩》頁86。
〔註250〕見《東壁樓集》卷四,《全臺詩》頁128。

〔註251〕〈秋江花月夜〉:「滿江**紅**葉落丹楓。」〔註252〕以上兩首寫楓葉的顏色。
〈歲暮歸山〉:「梅幹吐**朱**萼,錯教**紅**杏看。」〔註253〕兩句就分別用了兩個紅色系的色彩詞彙,利用抽換詞面的修辭技巧,寫梅樹吐出紅色的花萼,叫人錯看成了紅杏。又有〈紅葉〉一詩:「芳林兩岸**頹**成霞。」〔註254〕寫岸旁的淡紅色花葉綿延景況,彷彿晚霞一般。

還有用以形容太陽,如:〈返照〉:「碧波盤**赤**珠,晚霞傍日鑰。」〔註255〕江河上的洋洋碧波,托著傍晚的的太陽。又〈片光片影皆麗〉:「太陽初起遠山橫,蓊鬱芳林碎**赤**晶。」〔註256〕在茂密的森林裡看日出,因為樹蔭遮蔽直射的太陽光,就如同太陽被切割碎裂的閃爍光影,如水晶折射;以上兩首都以「赤」字形容太陽,「赤珠」、「赤晶」都是指太陽。

2、青色系

古典文學中的「綠」、「翠」、「青」、「碧」、「蒼」等字,常常混用不分,統稱為「青色」。〔註257〕《東壁樓集》中的「青色系」大多是指綠色而言,常用以形容大自然的景物,如「碧草」形容如茵綠草;「碧流」形容水的清澈見底,水面碧綠的倒影;「碧空」讓人感覺到天空的高遠。統計在《東壁樓集》中青色系出現的頻率,「綠」出現了約有九十次,如:

〈幽澗泉〉:「怪石**綠**苔生。」〔註258〕

〈採芙蓉得枝字〉:「**綠**蒂吐霜姿。」〔註259〕

〈柳邊〉:「**綠**陰枝上囀黃鸝。」〔註260〕

〔註251〕見《東壁樓集》卷一,《全臺詩》頁 77。
〔註252〕見《東壁樓集》卷一,《全臺詩》頁 84。
〔註253〕見《東壁樓集》卷三,《全臺詩》頁 118。
〔註254〕見《東壁樓集》卷八,《全臺詩》頁 173。
〔註255〕見《東壁樓集》卷一,《全臺詩》頁 76。
〔註256〕見《東壁樓集》卷四,《全臺詩》頁 135。
〔註257〕參見郭香玲:〈柳如是《湖上草》初探〉,高雄:中山大學中文系碩士在職專班碩士論文,民國 95 年,頁 171:「自古以來,青色的用法即有三種,《荀子・勸學篇》:『青,取之於藍,而青於藍。』這裡的『青』是指比藍草還要藍的藍色,這是青的第一種色相。《詩經・衛風・淇奧》:『綠竹青青』,此處的『青』則為綠色,這是青的第二種色相。再者如李白〈將進酒〉:『君不見,高堂明鏡悲白髮,朝如青絲暮成雪。』詩中『青絲』之『青』則為黑色,這是青的第三種色相。故『青』該解釋為何種色相,需配合上下文作判定。」
〔註258〕見《東壁樓集》卷一,《全臺詩》頁 78。
〔註259〕見《東壁樓集》卷一,《全臺詩》頁 92。

〈源水看花入〉：「芳煙常帶**綠**波涵。」〔註261〕

〈香畏風吹散〉：「逢春葉**綠**肥。」〔註262〕

〈短吟〉：「輕帆**綠**海深。」〔註263〕

〈春江弄晚晴〉：「**綠**水遊鱗共激湍。」〔註264〕

〈淵池茂樹〉：「**綠**沼清流搖九天。」〔註265〕

〈亂石假山〉：「**綠**草狁猿狨。」〔註266〕

〈漁磯得湄字〉：「半橫**綠**水湄。」〔註267〕等。

「翠」出現五十二次，如：

〈眾妍在朝暾〉：「千峰疊**翠**色。」〔註268〕

〈題閱江別圖〉：「遠山雨過色增**翠**。」〔註269〕

〈雪點梅香小院春〉：「星點樹枝懸碧**翠**。」〔註270〕

〈山中作〉：「**翠**嶺輕雲日在傍。」〔註271〕

〈雨後漁舟晚歸謳歌〉：「乍雨初晴**翠**晚山。」〔註272〕

「青」出現八十五次，如：

〈夏景〉：「**青**荷覆麗萼。」〔註273〕

〈樹間〉：「**青**松覆徑無日影。」〔註274〕

〈落葉沒蒼苔〉：「**青**山鋪翠錦。」〔註275〕

〔註260〕見《東壁樓集》卷二，《全臺詩》頁95。
〔註261〕見《東壁樓集》卷二，《全臺詩》頁96。
〔註262〕見《東壁樓集》卷三，《全臺詩》頁112。
〔註263〕見《東壁樓集》卷三，《全臺詩》頁117。
〔註264〕見《東壁樓集》卷四，《全臺詩》頁140。
〔註265〕見《東壁樓集》卷四，《全臺詩》頁146。
〔註266〕見《東壁樓集》卷五，《全臺詩》頁148。
〔註267〕見《東壁樓集》卷五，《全臺詩》頁153。
〔註268〕見《東壁樓集》卷三，《全臺詩》頁116。
〔註269〕見《東壁樓集》卷三，《全臺詩》頁128。
〔註270〕見《東壁樓集》卷四，《全臺詩》頁139。
〔註271〕見《東壁樓集》卷六，《全臺詩》頁158。
〔註272〕見《東壁樓集》卷六，《全臺詩》頁165。
〔註273〕見《東壁樓集》卷一，《全臺詩》頁79。
〔註274〕見《東壁樓集》卷二，《全臺詩》頁94。

〈野望〉：「碧漢**青**雲自杳渺。」〔註276〕

〈溪寺待月〉：「蕭疏古樹橫**青**澗。」〔註277〕

〈美人曉妝〉：「紫莖**青**蘭裛露香。」〔註278〕

〈夏晚獨酌〉：「晚天簾外數**峰**青。」〔註279〕等。

「碧」出現一百七十次，如：

〈淵池茂樹〉：「汪洋**碧**浪樹巔連。」〔註280〕

〈秋日閒居即事_{得低字}〉：「閒行度**碧**溪。」〔註281〕

〈野望〉：「**碧**漢青雲自杳渺。」〔註282〕

〈千嶂分明曉霽天_{得閒字}〉：「**碧**空朝起解和顏。」〔註283〕等。

「蒼」出現二十八次，如：

〈浦口山_{得潮字}〉：「天晴日色開**蒼**翠。」〔註284〕

〈江上逢春_{得景字}〉：「青**蒼**兩岸草。」〔註285〕

〈納涼〉：「夾澗**蒼**松數千株。」〔註286〕

〈野氣_{得態字}〉：「山色**蒼**翠盡藏汐。」〔註287〕

〈早春〉：「**蒼**波天與接。」〔註288〕

〈野望〉：「**蒼**山綠野任逍遙。」〔註289〕

〈千嶂分明曉霽天_{得閒字}〉：「遠岫**蒼蒼**望已慳。」〔註290〕

〔註275〕見《東壁樓集》卷三，《全臺詩》頁116。
〔註276〕見《東壁樓集》卷六，《全臺詩》頁156。
〔註277〕見《東壁樓集》卷六，《全臺詩》頁157。
〔註278〕見《東壁樓集》卷八，《全臺詩》頁168。
〔註279〕見《東壁樓集》卷八，《全臺詩》頁172。
〔註280〕見《東壁樓集》卷四，《全臺詩》頁146。
〔註281〕見《東壁樓集》卷五，《全臺詩》頁155。
〔註282〕見《東壁樓集》卷五，《全臺詩》頁155。
〔註283〕見《東壁樓集》卷六，《全臺詩》頁159。
〔註284〕見《東壁樓集》卷六，《全臺詩》頁159。
〔註285〕見《東壁樓集》卷二，《全臺詩》頁93。
〔註286〕見《東壁樓集》卷二，《全臺詩》頁97。
〔註287〕見《東壁樓集》卷二，《全臺詩》頁107。
〔註288〕見《東壁樓集》卷三，《全臺詩》頁118。
〔註289〕見《東壁樓集》卷五，《全臺詩》頁155。

〈夏日山中〉：「**鬱鬱蒼**松雲氣橫。」〔註291〕等。

鄭經對青色詞彙高比例的使用，不是沒有原因。心理學家認為人類對色彩的喜惡，一半是由於生理作用，一半則起於心理作用。

鄭經有權有力但不管事，遊山玩水，賞翫美景的見聞，自然影響他將週遭環境的亮麗景色，反映在作品中。又林書堯云：「喜愛碧綠色的人，是喜歡談理論的人，性格亦屬於浪漫型的。」〔註292〕對照本章第四節韻腳的使用，鄭經喜愛使用下平聲八庚韻，其聲情表現是「含有一種淡淡的哀愁，似乎又有相當理智的情愫。」這種又多愁善感又具有理智的性格，在色彩的使用及韻腳的使用方面皆不謀而合，突顯了鄭經無所拘執的綠色的浪漫性格。

3、黃色系

綜觀《東壁樓集》中之黃色系色彩，所傳達的情感或意象，多半實指物體顏色。如：

〈夏景〉：「**黃鶯**啼茂柳。」〔註293〕

〈野田黃雀行〉：「**黃雀**在稻場。」〔註294〕

〈和復甫怒螺歌贈李正青依磧字韻〉：「**黃螺**生長長江磧。」〔註295〕

〈對雨得時字〉：「落巢求友一**黃鸝**。」〔註296〕

〈蘆花〉：「岸上青林葉半**黃**。」〔註297〕等。

另外，金色也歸之於黃色系中。因其亮度非常高，相當引人注目，如〈從軍行〉：「駿馬**黃金**勒」，〔註298〕是以金色來形容物品，營造華麗貴重觀感；也有「金」與「黃」二色並用來形容花朵，如〈谿深地早寒〉：「遊人頭插**黃金**菊」。〔註299〕形容魚鱗在陽光下閃耀，如〈漁父詞〉：「舉網大小**黃金**鱗」。〔註300〕

〔註290〕見《東壁樓集》卷六，《全臺詩》頁159。
〔註291〕見《東壁樓集》卷八，《全臺詩》頁171。
〔註292〕見林書堯：《色彩學概論》，（臺北：力文出版社，民國52年），頁107。
〔註293〕見《東壁樓集》卷一，《全臺詩》頁79。
〔註294〕見《東壁樓集》卷一，《全臺詩》頁86。
〔註295〕見《東壁樓集》卷二，《全臺詩》頁108。
〔註296〕見《東壁樓集》卷六，《全臺詩》頁160。
〔註297〕見《東壁樓集》卷八，《全臺詩》頁173。
〔註298〕見《東壁樓集》卷一，《全臺詩》頁73。
〔註299〕見《東壁樓集》卷二，《全臺詩》頁97。
〔註300〕見《東壁樓集》卷二，《全臺詩》頁103。

而金色用以形容花朵，也是《東壁樓集》常有的表現方式，如：

〈晚遊江濱_{得風字}〉：「樹開<u>金</u>碧叢。」〔註301〕

〈黃鸝〉：「綠柳燦<u>金</u>裳。」〔註302〕

〈菊〉：「影照日光<u>金</u>玉色。」〔註303〕

〈花底〉：「<u>金</u>英簇映佳人頰。」〔註304〕

4、白色系

白色是明度的最高點，具有純潔清淨與樸素的觀感。劉思量云：

> 白色有一種奇異的雙重個性。一方面白色是超絕的完滿自足，是所有色彩皆能增其艷麗的豐富完整化，是天眞純潔；另一方面也是蒼白無色和沒有生命的空無。〔註305〕

在《東壁樓集》中使用「白」爲色彩形容詞的例子，以「白雲」一詞爲數最多，如：

〈洗心〉：「千峰隱<u>白</u>雲。」〔註306〕

〈背樹〉：「<u>白</u>雲迷行蹤。」〔註307〕

〈山水有清音〉：「心與<u>白</u>雲閒。」〔註308〕

〈春夜懷〉：「遠峰猶帶<u>白</u>雲橫。」〔註309〕

〈村夜_{得眺字}〉：「歸岫<u>白</u>雲自高妙。」〔註310〕

〈題潛苑景〉：「夜思還入夢，擬到<u>白</u>雲邊。」〔註311〕

因爲「白色」與「雲」，與鄭經多寫山水詩，嚮往山林放曠生活、閒適生活的單純個性，正相契合。

〔註301〕見《東壁樓集》卷一，《全臺詩》頁90。
〔註302〕見《東壁樓集》卷七，《全臺詩》頁163。
〔註303〕見《東壁樓集》卷八，《全臺詩》頁169。
〔註304〕見《東壁樓集》卷二，《全臺詩》頁99。
〔註305〕見劉思量《藝術心理學——藝術與創造》，（臺北：藝術家出版，民國87年），頁198。
〔註306〕見《東壁樓集》卷一，《全臺詩》頁77。
〔註307〕見《東壁樓集》卷一，《全臺詩》頁81。
〔註308〕見《東壁樓集》卷一，《全臺詩》頁87。
〔註309〕見《東壁樓集》卷二，《全臺詩》頁103。
〔註310〕見《東壁樓集》卷二，《全臺詩》頁106。
〔註311〕見《東壁樓集》卷三，《全臺詩》頁109。

5、紫色系

紫色的使用可形容山、水、花、雲……等，在《東壁樓集》中出現四十三次以紫色詞彙入詩的情形，例如：

〈江上曲〉：「<u>紫</u>薑調江鱸，村酒每獨釀。」〔註312〕

〈野步〉：「<u>紫</u>煙宿翠微。」〔註313〕

〈秋江花月夜〉：「<u>紫</u>蕚青荷作洞房。」〔註314〕

〈旱地蓮〉：「白蕚綠蒂<u>紫</u>錦邊。」〔註315〕

〈花底〉：「碧葉重重露<u>紫</u>蕚。」〔註316〕

〈幽林歸獨臥〉：「<u>紫</u>岫高峰天與齊。」〔註317〕

〈題潛苑景〉：「遊魚躍<u>紫</u>淵。」〔註318〕

〈贊漢高帝〉：「<u>紫</u>霧碭山中。」〔註319〕

〈柳渚躍魚〉：「俯瞰<u>紫</u>雲窗。」〔註320〕

〈暮春遣興〉：「日光耀<u>紫</u>霞。」〔註321〕

〈自嘆〉：「龍伏<u>紫</u>淵猶未出。」〔註322〕

〈江鳴夜雨懸〉：「疑是遊龍出<u>紫</u>宸。」〔註323〕

〈落日〉：「<u>紫</u>岫凝煙繫翠微。」〔註324〕

〈雲間聽弄鳥〉：「飛鳥輕盈遶<u>紫</u>虛。」〔註325〕

〈晚煙含樹色〉：「林影參差接<u>紫</u>霄。」〔註326〕

〔註312〕見《東壁樓集》卷一，《全臺詩》頁 75。
〔註313〕見《東壁樓集》卷一，《全臺詩》頁 88。
〔註314〕見《東壁樓集》卷二，《全臺詩》頁 98。
〔註315〕見《東壁樓集》卷二，《全臺詩》頁 98。
〔註316〕見《東壁樓集》卷二，《全臺詩》頁 99。
〔註317〕見《東壁樓集》卷二，《全臺詩》頁 104。
〔註318〕見《東壁樓集》卷三，《全臺詩》頁 109。
〔註319〕見《東壁樓集》卷三，《全臺詩》頁 110。
〔註320〕見《東壁樓集》卷三，《全臺詩》頁 116。
〔註321〕見《東壁樓集》卷三，《全臺詩》頁 120。
〔註322〕見《東壁樓集》卷四，《全臺詩》頁 130。
〔註323〕見《東壁樓集》卷四，《全臺詩》頁 132。
〔註324〕見《東壁樓集》卷四，《全臺詩》頁 139。
〔註325〕見《東壁樓集》卷四，《全臺詩》頁 143。

〈屏跡〉：「千峰形**紫**翠。」〔註 327〕

〈遊水心亭〉：「長橋駕**紫**綃。」〔註 328〕

〈漁磯得湄字〉：「朝暮**紫**煙繞。」〔註 329〕

〈美人曉妝〉：「**紫**莖青蘭裛露香。」〔註 330〕

6、黑色系

黑色屬於無彩色，在所有色彩中明度最低，因而又能和大部分色彩產生明度上的對比；易言之，它和其他色彩的組合能產生和諧、醒目、穩重的效果。

黑的使用多形容天色，但也有實寫頭髮、花苞、圍棋等；在《東壁樓集》中出現十一次以黑色詞彙入詩，列試舉例於下：

〈從軍行〉：「頭髮今半**黑**。」〔註 331〕

〈殘燈〉：「碧樹千重**黑**。」〔註 332〕

〈晚歸故園〉：「歸來天昏**黑**。」〔註 333〕

〈泊舟秋浦得涼字〉：「敗荷房半**黑**。」〔註 334〕

〈寒天暮雨空山裏〉：「天**黑**望村遠。」〔註 335〕

〈花改岸〉：「千條綠柳同波**黑**。」〔註 336〕

〈夜坐得吟字〉：「天**黑**氣沉沉。」〔註 337〕

〈野望〉：「歸來不覺天將**黑**，明月伴予度石橋。」〔註 338〕

〈早秋得颺字〉：「池蓮綠實房初**黑**。」〔註 339〕

〔註 326〕見《東壁樓集》卷四，《全臺詩》頁 146。
〔註 327〕見《東壁樓集》卷五，《全臺詩》頁 147。
〔註 328〕見《東壁樓集》卷五，《全臺詩》頁 151。
〔註 329〕見《東壁樓集》卷五，《全臺詩》頁 153。
〔註 330〕見《東壁樓集》卷八，《全臺詩》頁 167。
〔註 331〕見《東壁樓集》卷一，《全臺詩》頁 73。
〔註 332〕見《東壁樓集》卷一，《全臺詩》頁 81。
〔註 333〕見《東壁樓集》卷一，《全臺詩》頁 86。
〔註 334〕見《東壁樓集》卷一，《全臺詩》頁 92。
〔註 335〕見《東壁樓集》卷一，《全臺詩》頁 126。
〔註 336〕見《東壁樓集》卷四，《全臺詩》頁 140。
〔註 337〕見《東壁樓集》卷五，《全臺詩》頁 153。
〔註 338〕見《東壁樓集》卷六，《全臺詩》頁 156。
〔註 339〕見《東壁樓集》卷六，《全臺詩》頁 161。

〈詠圍棋〉：「**黑白**亂相侵。」〔註340〕

〈詠流螢〉：「夜**黑**飛空郭。」〔註341〕

據上述資料統計可知，《東壁樓集》存詩四百八十餘首，半數以上使用到色彩詞彙，有五十多處是以「色相俱足」之設色手法表現，使作品呈現出奇麗奪目的視覺效果。

（二）多色強化

1、雙色對比

對比就是把兩種事物或同一事物的兩個面向並舉加以比較的方法。古代詩詞色彩描寫中的對比主要就是把兩種或幾種顏色詞放到一起，形成強烈的視覺效果。這是最簡單的一種對比，是純色並置的對比。而色相對比中尤以「紅」、「綠」結構運用得最多也最成功的，如〈潛苑三洲〉：

一苑皆春色，三洲帶晚風。青山接碧漢，翠澗落晴空。

漁艇出叢綠，岸花到處紅。遠峰橫落日，長渚掛殘虹。

流水搖溪月，輕煙籠岸楓。江波逐返棹，霞影送歸鴻。

疏竹開幽徑，芳林隱澤宮。清幽無限景，何必羨瀛蓬。〔註342〕

此詩首先寫春天來臨，潛苑中滿溢春色，周圍的沙洲晚風吹拂，遠處青山高聳入天，山中的溪水彷彿落於天際間。第三聯把視角由上至下帶過，漁舟小艇從水上綠樹叢中駛出，襯著兩岸旁盛開的紅花，以及遠處山峰掛著將落下的夕陽，長長的沙洲上就留下晚霞的殘影。時間更晚，月亮映照在溪水上，溪水流去搖晃了月影，霧氣漸漸籠罩了岸旁的楓葉。六聯再從景寫到人，出航的船隻漸漸返岸，霞影也似送鳥歸巢。在潛苑的的入口處植有疏竹，在花林翁鬱之處，就有行宮設置在內。這樣清幽的景致時時可見，又何必羨慕傳說中的蓬萊仙島呢？全詩描繪夕陽西下，晚風吹拂的時刻，雖然渲染一片霞緋夕紅，但又有綠樹加以對比點綴，紅多綠少，卻不覺比例失衡，反而更美色向晚的景色。

又有〈落葉沒蒼苔〉一詩，其中的色彩對比也屬此類：

霄碧氣清爽，金風玉露淒。青山鋪翠錦，丹樹掛紅霓。

〔註340〕見《東壁樓集》卷七，《全臺詩》頁164。

〔註341〕見《東壁樓集》卷七，《全臺詩》頁165。

〔註342〕見《東壁樓集》卷五，《全臺詩》頁151。

葉厚苔蹤沒，秋高猿恨啼。遠懷因景動，情切寄懷題。〔註343〕

也是利用紅綠對比的關係，形成寫秋天的景致，就如一幅色彩鮮豔的圖畫。對比強烈，色彩感很強，對詩歌意境的營造確有極大的功效，讀者也很快能從詩句的色彩對比中獲得美感，從而領略詩中韻味。

另外也有非對比色的兩色並置於詩中，例如〈江色晚來清〉：

兩岸春晴麗晚天，水空一色共清漣。

翠微縹緲接青漢，霞浦菁蔥帶紫煙。

錯落孤村日已暮。蕭疏碧樹鳥知還。

滿江美景幽無盡，留戀風光不記年。〔註344〕

描寫江邊的風光，前六句描景，從視覺上寫日暮的天光水色，墨綠色的水波彷彿與山色共融一片，向晚的彩霞如紫色騰煙飄散在岸邊青草地上；接著視線放遠，太陽已經隱沒在錯落的村屋中，還巢鳥兒紛紛飛過。末聯感嘆如此美景深幽，直可令人忘記時空了！鄭經對於江邊景色的細膩描繪，用青紫二色充分將視覺提升到藝術美感的視角，自然深刻、歷歷在目。

2、多色映照

多色，是指在同一首詩中同時著兩種以上的顏色。這種著色法，常常使畫面更加豐富多彩、變化不一，因而詩意更顯燦爛，境界斑斕繁富。但因為是多色，故尤須詩人調色勻稱，濃淡適度，搭配得體。

試看〈柳渚躍魚〉：

翠樓凌碧漢，俯瞰紫雲窗。弱柳垂堤澳，遊魚戲石淙。

日光橫遠渚，春色渡長江。萍藻任騰躍，孤洲白鷺雙。〔註345〕

此詩中「翠樓」、「紫雲窗」、「弱柳」、「萍藻」、「白鷺」……連用個體的物像連結，在視覺上不但多樣化且顏色豐富。翠色的閣樓、紫色的雕窗表現了精緻的美感，大自然中弱柳萍藻的青綠，在水中石縫間悠遊的魚兒，賦予詩作動態的生命力，最後在沙洲上的白鷺鷥，是明度亮度最高的白色，潔白脫俗，雖然題為「柳渚」與「躍魚」，但白鷺竟也成為整首詩作中的最亮的一點。

又如〈菊〉：

苑內紅紫橫接籬，千株一望獨猗猗。

〔註343〕見《東壁樓集》卷三，《全臺詩》頁116。

〔註344〕見《東壁樓集》卷四，《全臺詩》頁141。

〔註345〕見《東壁樓集》卷三，《全臺詩》頁116。

夜來微雨濯塵垢，濃花如怯半低垂。

曉晴映日增嫵媚，迎風影動舞傲傲。

碧蕊宛如懸珠玉，綠幹枝頭霜雪披。

黃金重葉朱英燦，又似美女染唇脂。

紅萼翩翻欲起舞，酡若吳宮醉西施。

休誇春花能獨艷，秋盡冬來逞霜枝。〔註346〕

一首詠菊花的詩，卻出現了五種顏色，色彩豐富。在《東壁樓集》中，對於此類視覺感官的描寫，多不勝數，每首寫景詩都是一幅精美的風情畫。

色彩字的使用，是經過詩人自覺或不自覺的揀選、過濾才存留於作品裡。每一篇章中的色彩，自然感染上作家內在的心理活動，詩人情思會不自覺的融入其中。是故欣賞鄭經詩作，色彩字是不可忽略的重點之一。

〔註346〕見《東壁樓集》卷二，《全臺詩》頁98。

第六章　結　論

　　鄭經生長年代動盪，自幼集與父鄭成功參與戰事。直至父歿，乃獨自揮兵抗清，失利後退居臺灣。在臺十年的時間，鄭經接續鄭成功在臺灣做了一連串的建設。《東壁樓集》刊錄詩作四百八十首，寫作背景正好是經營臺灣期間（1664～1672），透過《東壁樓集》，除了可以考察鄭經寄寓在詩歌中的個人心志與思想態度，亦從中瞭解當時臺灣的時空背景，可說相當珍貴。

　　從《東壁樓集》中，可以歸納其特點與價值：

其一，鄭經形象之重塑

一、強悍溫柔的孤主

　　鄭經將在臺十年詩作《東壁樓集》付梓刊行，目的是「以明己志」，所以詩作中有宣傳、鼓舞的用意。但在剛健不息的復國情志中，有激昂的熱情，也有對民生民情的關心，亦有對家鄉故國懷念、感嘆身世飄零的的鐵漢柔情。這樣又強悍又溫柔雙面的表情，就成為《東壁樓集》中，特殊的一點。

二、用古寄託的文人

　　《東壁樓集》全集在內容題材方面，可常見鄭經使用詠物自喻或以閨怨的筆法，寄託自我心志和抱負。在寫作手法方面，也見引用古代大家之作為題，尤以晉唐詩歌為多。他企圖從詩歌的擬古復古，達到恢復國力盼望。這「用古圖振」、「以典為託」的兩種手法，即為鄭經在創作時重要特徵。

三、隱逸山水的名士

　　鄭經因身分及所處時代背景的特殊性，肩負復國重任也常發遷客騷人之思。但有別於其他明亡後擅於書寫經歷黍離之作的亡國詩人（如盧若騰、王

忠孝，甚至其父鄭成功……等），鄭經的山水詩常見的是風光的覽記和表現自己近於隱逸的放曠的本性；在既「窮」又「達」的「君逸之心兩隆」處境下，最後僅能歸於逃避及放縱。

其二，紀錄臺灣之風物

一、山水景物

從大量的山水詩歌作品中，除了可以看出鄭經的心境變化與人生態度外，也側面的寫出了臺灣當時的風景。《東壁樓集》中山水詩作的數量極多，走可視為研究臺灣歷史與地理環境的重要材料。

二、節慶風俗

《東壁樓集》中有關「時歲民俗」的作品分別描寫：除夕、元宵、端午、七夕、中秋、重陽等節令。雖然多是鄭經個人情感的抒發，但也不難得見當時臺灣地區過節氣氛與民俗活動。

其三，明鄭文學之代表

鄭經既是國主，又是詩人，他有著騷客詩人悲懷心情，與領導復國的雙重心理壓力，如此特殊的雙重身分，使其詩歌創作有著更多樣化的表現，有慷慨悲歌的情懷，有莊重濃郁的內涵，有淒婉悲愁的情愫，亦有奇麗秀逸的超脫，還有園林別舍，以及江樓山房的精雕細琢與華麗書寫。

明末時代動亂，鄭軍因戰略考量，退守臺灣，鄭經卻無意間成為臺灣古典文學中一道絢爛的彩虹。就目前所見，明鄭時期臺灣作家作品流傳並不多，鄭經《東壁樓集》，收四百八十首詩，題材與內容十分廣泛，是鄭經自退守東寧至與三藩聯軍止十年間（1664～1674）的創作，可說是明鄭最豐富的一位。

鄭經相較一般王胄之後，誓死效忠明室的鄭成功賦予鄭經的責任，幾乎是關乎一國存亡的重擔；鄭經戎馬征戰的生平經歷及壓力，不但提供他許多寫作的素材，也深化寫作的內容。且在西征初捷時（永曆二十八年，1674）在泉州付梓刊行，是第一部全然以臺灣為背景和題材的詩作。

又，鄭經前半生幾乎在粵閩地區活動，因此在退守臺灣時，亦將大陸粵閩的風情帶進臺灣，所以集中常見江洲小船為背景的描寫。另外，《東壁樓集》收錄鄭經作品約四百八十首，在數量上更是大大超越了「臺灣文學始祖」沈光文，數量居明鄭時期詩人之冠，使其在臺灣文學的意義與價值方面均居空前地位，足以為明鄭臺灣文學的代表。

參考書目

一、專　書

1. 潛苑主人：《東壁樓集》，泉州刊本，明永曆二十八年（1674），臺灣國家圖書館微捲。

2. 不著編人：《延平二王遺集》，清初鈔本，臺灣國家圖書館微捲。

3. 江日昇：《臺灣外誌》，濟南：齊魯書社，2004 年 5 月。

4. 施懿琳：《從沈光文到賴和——臺灣古典文學的發展與特色》，高雄：春暉出版社。2006 年 6 月。

5. 施懿琳等編：《全臺詩》，臺南：國家臺灣文學館，2004 年 2 月。

6. 川口長孺：《臺灣割據志》，收錄於臺灣銀行經濟研究室編：《臺灣文獻史料叢刊》，1958 年。

7. 王力：《漢語詩律學》，香港：中華書局，1976 年。

8. 王易：《詞曲史》，臺北，廣文書局，1988 年。

9. 李筱峰、劉峰松：《臺灣歷史閱覽》，臺北：自立晚報，1999 年。

10. 周濟《介存齋論詞雜著》，北京：人民文學出版社，1998 年。

11. 林書堯：《色彩認識論》，臺北：三民書局，民國 84 年。

12. 林書堯：《色彩學概論》，臺北：力文出版社，民國 52 年。

13. 柯慶明：《中國文學的美感》，臺北：麥田出版，2006 年 1 月。

14. 胡震亨：《唐音癸籤》，臺北：木鐸出版社，民國 71 年。

15. 范況：《中國詩學通論》，臺北：臺灣商務書局，民國 84 年。

16. 孫琴安：《中國評點文學史》，上海：上海社會科學院，1999 年 6 月。

17. 時志明：《山魂水魄：明末清初烈節詩人山水詩論》，南京：鳳凰出版社，2006 年。

18. 張菼:《鄭成功編年紀事》,臺灣研究叢刊第 79 種,臺北:臺灣銀行經濟研究室,1965 年 4 月。

19. 張菼:《鄭經鄭克塽紀事》,臺灣研究叢刊第 86 種,臺北:臺灣銀行經濟研究室,1966 年 6 月。

20. 連橫:《臺灣通史》,臺北:臺灣銀行經濟研究室,《臺灣文獻叢刊》第 131 種,1958 年。

21. 郭茂倩:《樂府詩集》,臺北:中華書局,民國 55 年。

22. 黃宏介、梁湘潤:《臺灣佛教史》臺北:行卯出版社,民國 84 年。

23. 黃典權:《鄭延平開府臺灣人物誌‧自序》,臺南:海東山房,民國 47 年 2 月。

24. 黃哲永、黃福助主編:《全臺文》,臺中:文听閣出版,2007 年。

25. 逯欽立輯校:《先秦漢魏晉南北朝詩》臺北:木鐸出版社,1983 年。

26. 楊友庭:《明鄭四世興衰史》,江西:江西人民出版社,1991 年 5 月。

27. 楊雲萍:《南明研究與臺灣文化》,臺北:臺灣風物雜誌社,1993 年 10 月初版。

28. 楊鴻烈:《海洋文學》,香港:新世紀出版社,民國 42 年 8 月初版。

29. 管士光選注:《詠物詩》,人民文學出版社,2003 年 1 月。

30. 臺灣銀行經濟研究室編:《鄭成功傳》,臺北:臺灣銀行經濟研究室,《臺灣文獻叢刊》第 403 種,1958 年。

31. 劉思量:《藝術心理學——藝術與創造》,臺北:藝術家出版,民國 87 年。

32. 劉勰:《文心雕龍》,北京:中華書局,1985 年。

33. 霍建波:《宋前隱逸詩研究》,北京:人民大出版社,2006 年 12 月。

34. 謝雲飛:《文學與音律》,臺北:東大圖書公司,民國 67 年。

二、學位論文

1. 陳佳凌:〈鄭經《東壁樓集》研究〉,中山大學中文所碩士論文,民國 98 年。

2. 邱靖雅:〈唐詩視覺意象語言的呈現——以顏色詞為分析對象〉,清華大學語言所碩士論文,民國 88 年。

3. 郭香玲:〈柳如是《湖上草》初探〉,中山大學中文系碩士在職專班碩士論文,民國 95 年。

三、期刊論文

1. 尹章義:〈延平王國的性質及其在國史上的地位〉(《歷史月刊》,民國 91 年 6 月第 173 卷),頁 37~44。

2. 王文進:〈南朝「山水詩」中「遊覽」與「行旅」的區分——以《文選》

爲主的觀察〉,《東華人文學報》第一期 1999 年 7 月,頁 103～114。

3. 朱鴻林:〈鄭經的詩集和詩歌〉,《明史研究》第 4 集,1994 年 12 月,頁 212～230。

4. 江林信:〈天光、雲影共徘徊——論鄭經《東壁樓集》寫景詩中的光影書寫〉,《第三屆全國臺灣文學研究生學術論文研討會論文集》,2006 年 7 月。

5. 余雷、占芬:〈中國古典詩中孤獨體驗的意境美〉,《昆明師範高等專科學校學報》,2007 年,第 29 卷第 1 期,頁 25～27。

6. 李瑄:〈清初五十年間明遺民群體之嬗變〉,《漢學研究》,第 23 卷第 1 期,民國 94 年 6 月。

7. 李毓中:〈塞維亞印度總檔案館中有關鄭經的西班牙文史料譯述〉,《臺灣風物》,第 49 卷,第 1 期,1999 年 3 月。

8. 沈雲龍:〈明珠與鄭經往來函扎〉,《紙業知識》,44 卷 7 期,1955 年 7 月。

9. 林慶揚:〈論鄭經《東壁樓集》的慕隱詩境〉,臺灣人文研究的新境界全國碩博士研究生論文發表會,2006 年 12 月。

10. 林麗月:〈故國衣冠:鼎革易服與明清之際的移民心態〉,《臺灣師大歷史學報》,第 30 期,民國 91 年 6 月。

11. 金成前:〈鄭經與明鄭〉,《臺灣文獻》,23 卷 3 期,1792 年 9 月。

12. 施懿琳:〈臺灣古典詩的蒐集與整理〉,《文訊雜誌》,2001 年 6 月。

13. 施懿琳:〈由反抗到傾斜——日治時時期彰化文人吳德功身份認同之分析〉,《中國學術年刊》,第 18 期,民國 86 年 3 月。

14. 翁聖峰:〈臺灣古典詩的研究概況〉,《文訊雜誌》,2001 年 6 月。

15. 張仁青:〈高啓詩之用典藝術〉,(香港新亞研究所:《明代文學復古與革新研討會論文集》,2000 年 7 月)。

16. 曹永和:〈鄭氏時代之臺灣墾殖〉,《臺灣銀行》,第 6 卷第 1 期,1953 年 9 月。

17. 莊萬壽:〈臺灣海洋文化之初探〉,《中國學術年刊》,第 18 期,民國 86 年 3 月。

18. 陳佳宏:〈鄭氏王朝之政治外交試析〉,《臺南文化》,第 58 期,民國 94 年 3 月,頁 1～17。

19. 陳昭瑛:〈明鄭時期臺灣文學的民族性〉,《中外文學》,第 22 卷第 4 期,1993 年 9 月。

20. 陳昭瑛:〈明鄭時期臺灣的中國傳統文化〉,《哲學雜誌》,第 25 期,1998 年 8 月。

21. 陳圓融:〈鄭氏王朝之教育〉,《臺南文化》,第 58 期,民國 94 年 3 月,

頁 18～39。

22. 黃典權：〈明鄭時代的臺灣文學〉，《新文藝》，90 期，1963 年 9 月。

23. 黃俊傑：〈論東亞遺民儒者的兩個兩難式〉，《臺灣東亞文明研究學刊》，第 3 卷第 1 期，總第 5 期，2006 年 6 月。

24. 黃騰德：〈從廖鴻基《鯨生鯨世》看臺灣的海洋文學〉，《臺灣人文》，第 4 號，民國 89 年 6 月，頁 47～61。

25. 葉高樹：〈三藩之亂時期鄭經在東南沿海的軍事活動〉，《臺灣師大歷史學報》，民國 88 年 6 月。

26. 廖一瑾：〈臺灣古典詩社、詩刊現況〉，《文訊雜誌》，2001 年 6 月。

27. 廖一瑾：〈東寧月色——從鄭經《東壁樓集》中的月亮描述看明鄭臺灣遺民儒學〉，《1644 與 1985 學術研討會論文集》，2005 年 9 月。

28. 廖彥博：〈遺民與移民，明鄭時期臺灣文化史〉，《經典雜誌》，2006 年 2 月。

29. 裴登峰：〈古典詩詞中的一個永恆的主題——孤獨情緒〉，《西北民族學院學報》（哲學科學版），1995 年，第 3 期，頁 104～111。

30. 趙安民：〈中國古代詩詞中「月亮」意象所隱含的感傷情愫〉，《周口師範高等專科學校學報》，2001 年 7 月，第 18 卷第 4 期，頁 25～27。

31. 劉少才：〈鄭成功之子——鄭經在臺灣的遺迹〉，《蘭臺世界》，第 39 期，2002 年 4 月。

32. 歐俊勇：〈此意無人識，孤情不厭偏——試論曾習經詩詞的孤獨意識及其消解〉，《嶺南文史》，2007 年，第 4 期，頁 48～51。

33. 鄭喜夫：〈明代之臺灣〉，《自由青年》，44 卷 5 期，1970 年 11 月。

34. 龔顯宗：〈初論《東壁樓集》〉，《第七屆清代學術研討會論文集》，2002 年 3 月。

35. 龔顯宗：〈論鄭經在臺灣文學史上的地位〉，《臺灣與遺民儒學：1644 與 1895 學術研討會論文集》，2005 年 9 月。

附錄一　鄭經生平年表

時　間	年齡	重　要　事　蹟
西元 1642 年 崇禎 15 年		·崇禎十五年十月初二，鄭經生於福建省泉州府南安縣安南。小名「錦」；後字「式天」，號「賢之」。
西元 1648 年 永曆二年 清順治五年	7	·鄭成功授陳永華「參軍」職務，並為同安教諭陳鼎之子，八月，同安陷，鼎殉，鄭成功以陳永華為忠臣之裔，入諸儲賢館，伴經讀書。
西元 1650 年 永曆四年 清順治七年	9	·十月隨母董夫人字安南移居中左所。
西元 1651 年 永曆五年	10	·清福建巡撫張學聖、興泉道黃澍、泉州總兵馬得功掠中左所；母董夫人匆據攜之登舟以避。
西元 1655 年 永曆九年 清順治十二年	14	·正月初五，外父唐某死於亂兵。鄭成功移唐氏於中左安頓。
西元 1656 年 永曆十三年 清康十三年	17	·鄭經隨鄭成功克鎮江、薄江寧。
西元 1661 年 永曆十五年 清順治十八年	20	·二月，鄭成功命堅守思明州（今廈門）。
西元 1662 年 永曆十六年 清康熙元年	21	·五月初八鄭成功逝世。 ·五月十四日，鄭經承制拜總督承天府南、北路武衛右鎮統領周全斌總督五軍戎務，命陳永華為議諮將軍、馮錫范為侍衛。 ·十月十六日，入東都，定內難。

		・十二月，肇敏將軍陳文達叛降於清。
		・唐王聿鐭服毒薨廣東；虎賁將軍廣寧伯王興自焚死。
西元 1663 年 永曆十七年 清康熙二年	22	・正月，帝凶問確，仍盧奉王朔，稱「永曆十七年」。
		・正月十一，鄭經率周全斌、陳永華馮錫范等，舟師回思明州（廈門），以兵官忠振伯洪旭守思明、戶官鄭泰守金門、前提督永安伯黃廷守銅山。
		・六月初八，下戶官鄭泰於理；初十日，泰自縊死，其弟鳴駿、子纘緒率眾判降於清。
		・十月十九日，清靖南王耿繼茂、福建總督李率泰結荷艦隊寇思明，殲其提督馬得功。守高崎正兵鎮陽昇款於清，二十日，棄思明、金門，退銅山。叛將施琅、黃梧合謀奪兩島以自效。清廷亦以海上降者接踵，以爲已經瓦解，亦命銳意以圖；於是耿繼茂、李率泰始部署來寇思明。
		・是月，鄭經季父鄭淼走降於清靖南王耿繼茂。叛將鄭鳴駿之弟虞，率家口從。
		・十二月，鄭經曾祖母黃夫人率親屬赴閩降於清，清廷命釋放安插、歸旗居住。從叔耀基不從。
西元 1664 年 永曆十八年 清康熙三年	23	・正月，水師左鎮林國樑叛，導清福寧總兵吳萬福、總兵李長榮合寇長腰、東蚶兩島；督師閣部張煌言部降阮定、江春、王尊等被執，不屈，死之，總兵張賢等被執。棄長腰、東蚶，張煌言反浙，兵部郎中阮春雷南泛閩海。
		・三月初十，鄭經棄銅山，退保東都。工官馮澄世於舟次，沈海死。表改東都爲「東寧」，升天興、萬年二縣爲州。大小庶政悉委於陳永華，自度曲徵歌以示無復西意，以與民休息焉；多分諸將土地，使屯墾以足食，造亭館以處宗室遺老之隨來者。未幾課耕稼、徵租賦、稅丁庸、作魚鹽、撫民番、通商販、興學校、進人才，境內大治，向之憚東來者皆視爲樂土矣。
西元 1665 年 永曆十九年 清康熙元四年	24	・四月，清加叛將施郎（按：琅）「靖海將軍」，以周全斌、楊富副之，以林順、何義爲佐。大舉寇東寧。阻風，未至澎湖而遁。後，雖施琅意欲再進，未幾，清廷乃撤福建水師提督，召施琅、周全斌歸旗，其他投誠兵、將分駐各省墾荒，以益兵防界爲事，不復有東犯意，東寧於是大安。
		・六月，留薛思進、林陞戍澎湖，諸將賞有差，抽撥兵丁，各歸部伍、屯所。亦撤雞籠守將劉國軒、大線頭守將何祐回承天府。
		・八月，以諮議將軍陳永華統領親軍勇衛。
		・九月，朱英、翁貴、金興、黃榮、劉進、陳綺、朱忠、張朝紘、吳宏、劉雄、朱顯龍、劉揚叛，自澎湖率眾詣浙江，降於清浙江總督趙廷臣。
		・始教民曬鹽：東寧四面環海，應擅魚鹽之利；惟民不知曬鹽

		之法，而煎鹽苦色澀，不堪入口，於是需自漳、泉輸入。自清人厲海禁，鹽運不至，民皆淡食。勇衛陳永華既受事，始教民曬鹽之法——濱海築埕，鋪以碎磚，引海水入池，曬之，即日可成；力少而利薄，許民自賣而課其稅，民大稱便。永華教民曬鹽地在天興州，即今之瀨口也。
西元 1666 年 永曆二十年 清康熙五年	25	・正月，承天府聖廟落成。自是學制大備，養民教民，東寧之人始知學。 ・九月，以江勝爲水師一鎮。十月，一鎮江勝復思明州，開諸洋貿易。 ・十二月，斂澎湖戍兵回東寧屯墾。
西元 1667 年 永曆年 清康熙元年	26	・正月，清以叛將孔元章爲使，來求互市；議不成。 ・四月，清廷召叛將周全斌入北都歸旗，分撥叛將諸將移駐各省。清人以前年犯東寧，知天塹難以飛渡，乃撤兵示不復東。
西元 1668 年 永曆二十二年 清康熙七年	27	・正月，清廷撤福建水師提督，召叛將施琅入北都歸旗。時清廷朝議胥不主戰，疏上，下部議，以風濤險，難勝。於是悉焚諸戰船，裁福建水師提督，以琅爲內大臣，改以總兵一員駐海澄；琅歸旗後授伯爵。 ・五月，協理禮官蔡政卒，鄭經親哭臨之。
西元 1669 年 永曆二十三年 清康熙八年	28	・六月，清刑部尚書明珠、兵部侍郎蔡毓榮專責來閩主和局；允封藩、世守東寧。鄭經以薙髮事議不孚。清人無力來犯，海上亦相安無事。 ・九月，以邱輝管義武鎮。邊界既日久無事，守邊兵，將亦不措意之，東寧物資之求乃無匱乏，東、西兩洋貿易益以隆盛。
西元 1670 年 永曆二十四年 清康熙九年	29	・二月，使監紀推官吳宏濟聘吳三桂。 ・四月，清復專設福建總督，升其甘肅巡撫劉斗爲福建總督。 ・鄭經次子克塽生，又名「秦」；後字「實弘」，號「晦堂」，姬人黃氏名和娘者所出也。
西元 1671 年 永曆二十五年 清康熙十年	30	・正月十六，耿繼茂疏請以子精忠管理軍務，清廷報可。 ・五月，以協理戶官楊英兼領協理禮官事，偕審理所副審理洪有鼎使日本。 ・六月，英國東印度公司遣使貢方物，未至，人船皆杳。 ・秋，禾大熟，飭諸島守將輯和邊境、撫綏人民。
西元年 永曆二十六年 清康熙十一年	31	・議征呂宋，不果行。

西元 1673 年 永曆二十七年 清康熙十二年	32	・三月十二日，尚可喜疏請歸老遼東，請撤藩議起。清廷以吳三桂、尚可喜、耿精忠開藩雲南、廣東、福建三省已久，慮其根深蒂固，尾大不掉，而如三藩相結，其勢足以席捲中原，固有撤藩歸旗之議；衹以茲事體大，未感操切從事；且東寧屹立，不忘恢復，移動亦非其時，以故尚有待。 ・七月初三，吳三桂疏請撤藩；初九耿精忠疏請撤藩；清帝均報可。於是以禮部左侍郎管右侍郎事折爾肯、漢林院士兼禮部侍郎傅達禮往雲南，以戶部尚書梁清標往廣東、吏部右侍郎陳一炳往福建，經理各藩撤兵起行事宜。 ・八月，耿精忠陰謀舉事，遣黃鏞賚書通好。率師次澎湖以待之。 ・十二月二十一日，吳三桂舉兵反清，長驅至湖南。清停撤尚可喜、耿精忠，召其經理廣東、福建撤兵事宜戶部尚書梁清標，吏部右侍郎陳一炳北還。
西元 1674 年 永曆二十八年 清康熙十三年	33	・二月二十七日，清廣西將軍孫延齡反清，據廣西以應吳三桂。 ・三月二十八日，楊來嘉據湖北穀城反清，仍以「永曆」正朔布告軍民，並遣使上啓以聞。 ・三月十五日，耿精忠據福建反清，稱「總統兵馬上將軍」移檄中外。耿精忠使黃鏞來請濟師，鄭經命侍衛馮錫范督諸鎮先發，剞思明以待，將親率全軍而西。又命勇衛陳永華抽撥土蕃、墾丁充伍；勤加操練，修整船舶，再鑄永曆錢，廣諸洋貿易。 ・耿精忠屢請濟師，有水、陸分將，漳、泉駐兵之約，是有同盟之好也；故反屬海禁以示絕，乃命平往責其踐約。耿精忠驕，倨甚，蓋以全閩為私囊。耿精忠既背盟，禮官柯平往使亦無要領，知非可以口舌爭，乃命馮錫范等相機進兵。 ・鄭經奉永曆二十八年正朔詣思明州，傳檄四方。命勇衛陳永華為總制留守東寧，自率協理兵官陳繩武、協理吏官洪磊等渡海而西。 ・六月初四，收復泉州。 ・又復澄海、揭陽、潮陽。
西元 1675 年 永曆二十九年 清康熙十四年	34	・正月初九，率文武僚屬遙賀帝正旦於泉州之承天寺。 ・耿精忠使吏曹張文韜賀年，許其平。以楓亭為界。 ・三月楊來嘉敗績於湖北南漳。
西元 1676 年 永曆三十年 清康熙十五年	35	・三月，復興寧、長樂、惠來、海豐、和平、連平、龍川、河源、東莞、新安、龍門，表加張國勳征虜將軍，命管後勁鎮。 ・尚之信降於吳三桂。 ・五月二十日，復汀州、會昌、瑞金。 ・六嘔。武衛右鎮統領劉國軒討葡萄牙人於香山澳。 ・十月初四，耿精忠降於清。

西元 1677 年 永曆三十一年 清康熙十六年	36	・二月初九，泉州陷，參宿鎮謝貴、城守營標將林孟死之。初十，漳州、海澄，入思明。二十日，清兵入踞漳州。分陷海澄、漳浦、雲霄、詔安。 ・六月初六，右提督定虜伯劉進忠據潮州叛，復降於清，滅虜將軍苗之秀、前鋒鎮蕩寇將軍劉炎皆叛降清。 ・六月二十七日，清和碩康親王傑書以使來請退兵議和，拒之。
西元 1678 年 永曆三十三年 清康熙十七年	37	・正月二十二日，水師四鎮陳陞敗績於日湖，二十三日，虎衛前鎮痛領林陞敗績於東石。 ・三月初三，吳三桂稱帝於衡州，改年號曰「昭武」，遣使來告。 ・三月十一日，中提督劉國軒大敗水師提督海澄公黃芳世於水頭山。 ・三月十六日，清廷重申海禁。 ・六月初十，復海澄。 ・六月十四日，復長泰；十八，大敗清副都統雅塔里，復同安；二十三日，遂圍泉州。 ・六月二十八日，復南安、惠安、平和、漳平、圍寧洋。 ・七月初二，復永春、德化、安溪。 ・八月二十四日，清攻陷平和、漳平、安溪、永春、德化、惠安。 ・十月，清福建總督姚啓聖遣張雄來思明議和，拒之。
西元 1679 年 永曆三十三年 清康熙十八年	38	・正月，清福建總督姚啓聖設「修來館」於漳州以招降納叛。 ・二月初十，清發江、浙戰艦至福建。 ・二月十一日，清平南將軍賴塔犯果堂，中提督平北將軍武平伯劉國軒擊潰之。 ・九月二十八日，東石寨陷，武衛右鎮左協施廷、右協陳申死之。
西元 1680 年 永曆三十四年 清康熙十九年	39	・二月二十三日，守海澄將叛，降於清。 ・二月二十六日，棄思明、金門揚帆而東，揚威左鎮陳昌、協理五軍戎務吳桂、信武鎮黃瑞叛，降於清。 ・三月十二日，回至東寧。 ・七月，諮議將軍陳永華卒。 ・八月初五，和議復起，清平南將軍賴塔以書至。
西元 1681 年 永曆三十五年 清康熙二十年	40	・正月，監國世孫元子克臧率文武賀正旦於安平鎮。 ・正月二十八日，鄭經薨於承天府行臺。自其敗西，益近醇酒婦人，因之病痔甚，大腸閉結。醫藥罔效。享壽四十，在位十九年。

附錄二　論鄭經《東壁樓集》中的孤獨感

提　要

　　鄭經留世的文學作品極少，目前發現的《東壁樓集》可說是研究鄭經的重要材料，其寫作背景自鄭經永曆十八年（1664）退守臺灣起，至永曆二十八年（1674）出師西征，整整十年之間的文學作品。這段期間中，鄭經繼位，授命陳永華致力發展臺務。《東壁樓集》紀錄了鄭經身為東寧王朝統治者，其心境及性格的多樣化，無疑是研究這段時期鄭經生活紀錄和心境感懷的重要參考資料，使得一向鮮為人知的鄭經形象具體呈現在世人面前。

　　細觀《東壁樓集》，發現鄭經在詩中經常表現出孤獨的形象，不論是寫景、寫人，「孤」、「獨」、「寂寞」等字眼出現極為頻繁。若分析這些字眼在《東壁樓集》中出現的情形，大約可以分為幾類：一是用孤獨描寫漂流的身體，二是用孤獨寫閒適的態度，三是用閨怨的孤獨形成寄託，四是寫待起前沉潛的心情。本文試圖從幾位學者先進對鄭經《東壁樓集》的研究基礎上，探究鄭經《東壁樓集》中大量孤獨字眼之表徵，還原鄭經在臺灣的心境起伏以及內斂孤獨的真實形象。

關鍵詞：鄭經、東壁樓集、孤獨

一、前 言

　　《東壁樓集》全集共八卷，一體一卷：第一卷收錄五言古詩計八十八首，第二卷收錄七言古詩計六十首，第三卷收錄五言律詩計一百零四首，第四卷收錄七言律詩計八十九首，第五卷收錄五言排律共計四十一首，第六卷收錄七言排律計二十一首，第七卷收錄五言絕句計二十四首，第八卷收錄七言絕句計五十三首，共計四百八十首詩，卷次分明，各體兼備。學者朱鴻林根據其上有「式天氏」、「潛苑主人」之印記，並對照〈自序〉與鄭經生平，考訂出《東壁樓集》的作者正是鄭經〔註1〕，使得此部以臺灣為創作背景的詩集「名花有主」。

　　鄭經（1642-1681），乳名錦，字式天，號賢之，亦作元之；崇禎十五年壬午（1642）十月初二日出生於福建泉州之安平（今安海），十七歲時隨父北征，後戍守金門、廈門一帶。在鄭成功逝世後，不敵清軍與荷蘭人的聯軍，在永曆時八年（1664）退守臺灣。十年後（永曆二十八年，1674）參與三藩的反清行動，因內鬨敗歸臺灣，自此不問政事，縱情歌酒。永曆三十五年（1681），因縱慾過度，痔瘡暴脹，大腸緊閉而辭世，享年四十。

　　史載，鄭經曾與其弟乳母私通〔註2〕，為「頗耽聲色」〔註3〕之人；此一事件發生，造成世人負面的印象，雖鄭經高舉反清旗幟曾西征大陸，勢不可擋，但最後仍敗北而歸。比較起其父鄭成功的顯赫功績，鄭經便更顯不如。《臺灣割據志》評論鄭經：

> 經，人才在中知之間，而仁厚頗得士民之心。在位凡十九年，猶奉永曆正朔、配招討大將軍印，稱世子，而實無所受命。經之入島也，委政子克𡒉，退閒居於洲仔尾，築游觀之地，峻宇彫牆，茂林嘉卉，

〔註1〕見朱鴻林：〈鄭經的詩集和詩歌〉，（《明史研究》第4集，1994年12月），頁212～230。

〔註2〕一說鄭經是私通其弟之乳母，「初，世子鄭經娶尚書唐顯悅女孫為婦，不相得，私於其弟之乳媼陳氏，生男。」見沈雲：《臺灣鄭氏始末》，卷五，（收錄於臺灣銀行經濟研究室編：《臺灣文獻史料叢刊》第六輯，臺灣：大通書局，民國76年），頁55，又見江日昇：《臺灣外記》，（收錄於《臺灣文獻史料叢刊》第六〇種，臺灣銀行經濟研究室編，臺北：臺灣銀行，民國47年），頁210。

〔註3〕見川口長孺，《臺灣割據志》，（收錄於臺灣銀行經濟研究室編：《臺灣文獻史料叢刊》第六輯，臺灣：大通書局，民國76年），頁58。

極島中之華麗，優游其間，而至辛歲。〔註4〕

其評價僅「中知之間」，且喜愛游觀林卉，無所受命。因為這些記載，使得世人將紈綺子弟的形象與鄭經畫上等號，而對鄭經缺乏真正認識。而藉由鄭經所創作之《東壁樓集》，我們更能從詩集內窺見鄭經的真實內心世界；加上《東壁樓集》是第一部全然以臺灣為背景的文學創作，在臺灣文學史抑或明鄭文學史上，更顯珍貴。

細觀《東壁樓集》，發現鄭經在詩中經常表達出孤獨感受，不論是寫景、寫人，「孤」、「獨」、「寂寞」等字眼出現極為頻繁。統計《東壁樓集》中，以上字眼出現的次數，在全集四百八十首詩裡所佔比例分配：

關鍵字	出現次數	所佔比例
孤	64	13.3%
獨	49	10.2%
孤獨（二字連用）	11	2.2%
寂	15	3.1%
寂寞	25	5.2%

在《東壁樓集》中，「孤」字出現極為頻繁，而「獨」居次。若分析這些字眼在《東壁樓集》中出現的情形，大約可以分為幾類：一是用孤獨描寫漂流的身體，二是用孤獨寫閒適的生活，三是用閨怨的孤獨形成寄託，四是寫待起前沉潛的心情。本文試圖從幾位學者先進對鄭經《東壁樓集》的研究基礎上〔註5〕，探究鄭經《東壁樓集》中大量孤獨字眼之表徵，還原鄭經在臺灣的心境起伏以及內斂孤獨的真實形象。

〔註4〕見川口長孺：《臺灣割據志》，（收錄於臺灣銀行經濟研究室編：《臺灣文獻史料叢刊》第六輯，臺灣：大通書局，民國76年），頁76-77。

〔註5〕目前國內外對《東壁樓集》研究作品多為期刊論文之發表，並無專書論述，國內學者有龔顯宗：〈初論《東壁樓集》〉，（《第七屆清代學術研討會論文集》，2002年3月）、〈論鄭經在台灣文學史上的地位〉（《臺灣與遺民儒學：1644與1895學術研討會論文集》，2005年9月）、黃騰德：〈東壁樓中的鄭經——《東壁樓集》「園林文學」性格初探〉（《第四屆全國臺灣文學研究生學術論文研討會論文集》，2006年6月9、10日）、江林信：〈天光、雲影共徘徊——論鄭經《東壁樓集》寫景詩中的光影書寫〉（《第三屆全國台灣文學研究生學術論文研討會論文集》，2006年7月）、林慶揚：〈論鄭經《東壁樓集》的慕隱詩境〉（《臺灣人文研究的新境界全國碩博士研究生論文發表會論文集》，民國95年12月16日、17日）、廖一瑾：〈東寧月色——從鄭經《東壁樓集》中的月亮描述看明鄭台灣遺民儒學〉（《1644與1985學術研討會論文集》，2005年9月）等諸文。

二、身體的漂流

　　明清政權交替，局勢混亂，鄭成功在永曆四年（1650）帶著年僅九歲的鄭經駐兵廈門，[註6] 同年五月，鄭成功伐南溪，十二月伐漳浦；永曆六年（1652，鄭經十一歲）攻取海澄，永曆七年（1653，鄭經十二歲），鄭成功與清軍交戰海澄，清軍敗退。永曆八年（1654，鄭經十三歲）十月，鄭成功佑攻取漳州，附近十邑皆下。這些戰事都是以廈門作為根據地，當時鄭經約十至十三歲，可是已經看到鄭成功與清朝的幾場戰役。永曆十二年（1658）鄭成功北伐南京，意圖恢復；但卻征戰未果，於是鄭成功把鄭經留在廈門，於永曆十五年（1661）自行發兵征臺，決心把臺灣當作反清復明的根據地；但未料鄭成功來臺隔年（永曆十六年，1662）即歿。鄭經自廈門來臺奔喪繼位，又旋即返廈；後因不敵清荷聯軍對廈門的攻擊，在永曆十八年（1664）帶著明（鄭）軍退往臺灣，當時他年僅二十三歲。

　　鄭經在〈從軍行〉詩中，曾自述年少時期跟隨軍旅生活的情形：

> 壯士喜從戎，年少橫胸臆。
> 雕弓大羽箭，駿馬黃金勒。
> 銳氣衝斗牛，洋洋意自得。
> 揮鞭逐隊去，前往盧龍域。
> 風沙朝暮起，日光變無色。
> 霜雪飄飄下，山河盡填塞。
> 弱冠從軍來，頭髮今半黑。
> 不辭跋涉苦，矢志在為國。
> 國仇不共戴，直搗轉北極。[註7]

從詩中的線索推敲，也許鄭經跟隨鄭成功打過幾場戰事，耳濡目染父對戰事的運籌帷幄，早已熟悉兵戎之事。後在陳永華的輔佐下，使明之國祚在得以在臺延續；雖然仍舊依照明代舊制，並裁撤明京（赤崁地區）與承天府，改稱為「東寧」以避免名義上的僭越，但在實質上，鄭經儼然已成為明室殘軍遺民的共主。

〔註6〕見川口長孺：《臺灣割據志》：「成功嘗令其子經居廈門。」（收錄於臺灣銀行經濟研究室編：《臺灣文獻史料叢刊》第六輯，臺灣：大通書局，民國47年），頁58。

〔註7〕見《東壁樓集》卷一。

從九歲到二十三歲，十三年征戰的戎馬生活，就成為鄭經身體流動的原因。也因為這樣的流動性，在《東壁樓集》中發為疲憊、孤獨的表現。如〈江上吟〉一詩：

> 寂寞在江上，風雨夜瀟瀟。
> 飛螢數萬點，煙氣連碧霄。
> 漁舟雲邊返，停棹繫綠條。
> 市酒歸獨酌，狂歌自逍遙。
> 江樹著雨急，灑落隨風飄。
> 靜坐思往事，開窗夜聽潮。
> 殘燈伴孤枕，濃睡不覺宵。〔註8〕

此詩透自我排遣孤寂的情緒，雖然「市酒」、「狂歌」，也只能「獨酌」、「自逍遙」，這樣看似瀟灑，夜晚的急雨風聲，也掩蓋不住內心想念往事的思緒如潮，殘燈孤枕的意象，堆疊出一片愁情。

對鄭經來說，東寧十年，正是遊客他鄉的時光，因此他常以客心鄉愁的孤獨，寫出身體流動的悲苦，如〈早起得昧字〉一詩：

> 雞聲催曉行，殘月路微昧。
> 疏星半隱明，嶺上多雲靄。
> 空山樹寂寂，荒徑草薈薈。
> 螢火傍人飛，露光芳草帶。
> 煙氣生馬頭，泉聲雜天籟。
> 客心多感悽，仰天徒長慨。〔註9〕

此詩寫早晨山景的淒清，將明的天色裡，星月殘疏的光亮，隱隱約約襯著山嶺上的雲霧，瀰漫一片孤寂氣氛。接著從大景寫到小景，舊時來訪的道路已經荒草橫生；再從小景帶往更小的視線點，螢火蟲的飛舞，帶露珠的芳草營造的冰涼感，都是具有臨場感的描寫，然後視線再往前拉到佈滿煙氣碼頭，尚未消散的霧氣漫漫，視線依舊有曖昧不明的迷離，然後筆鋒從視覺轉往聽覺，奔瀉的山泉就如同天籟般，在幽靜的清晨山中更加清晰可聞。直至末聯，道出縱使良辰美景，仍不改其身為遊子的身份，只能以仰天長嘆的悲哀作為結束。

〈除夜〉一首亦是：

〔註8〕見《東壁樓集》卷一。
〔註9〕見《東壁樓集》卷一。

　　　　旅館愁年盡，更逢除日昏。

　　　　江湖行客恨，市井遊兒喧。

　　　　千里相思夢，寸心如醉魂。

　　　　今宵若度歲，明早是三元。〔註10〕

此詩訴說江湖行客對於故鄉千里相思的心情。旅店內遊子適逢除夕，本應闔家團聚，卻獨自在江湖中飄盪，對於故鄉的思念只能在夢中實現。對照鄭經前半生的際遇及抵臺後的經歷，可見其對於故國的家園始終有溢於言表的懷念。

　　又有〈遠客悲歸雁曉出欲問津〉一詩：

　　　　閱歷東西忽幾春，乍聞歸雁過天津。

　　　　夜深枕伴殘燈影，曉起衣沾濕露塵。

　　　　山裏孤村雲靄靄，溪邊古渡荻蓁蓁。

　　　　他鄉寄客悲心急，日日江頭不厭頻。

此詩寫時間的消逝，對於故園的想念，在歸雁南返過多的時候更加強烈。這樣的思念讓人晚間失眠，白天望江興歎。在江邊碼頭所見的景象，落日餘暉、落葉紛飛、北來歸雁、他鄉寄客等意象，觸景生情的表現，堆疊出濃濃的思鄉情懷。

　　而〈望月懷遠〉一詩：

　　　　清夜長懷遠，愁人入夢思。

　　　　中宵竟起坐，遙想當初時。

　　　　顧影月相伴，沾衣露覺滋。

　　　　憂心生寂寞，遊子頻棲遲。

　　　　對此情難禁，譙樓鼓角悲。

由中夜無眠寫起，轉至對友人或家國的思念，再寫自身孤寂清影，最後以情意作結，充滿遊子去鄉懷國的悲愁。

　　鄭經從遊子的身體經驗出發，用各種形單影隻的意象配合景物的觸發，述說個人孤獨心情、漂泊客心鄉愁，以及思舊的天性；自古以來，文人們的思鄉之情與異域之感常因景而動，陶淵明詩「羈鳥戀舊林，池魚思故淵」，也道出人類與鳥獸同有與生俱來對故地之思的天性，鄭經在這個心理基礎上，大量的吟詠著他的鄉愁和歸思，雖然題材普遍，但感情真摯濃厚。

〔註10〕見《東壁樓集》卷三。

三、閒適的生活

　　除了悲苦的心情，鄭經在《東壁樓集》中也有寫出閒適生活的詩作；雖然詩中仍有孤獨的情緒，卻反倒透露出自在輕鬆，例如〈幽窗〉一詩：

　　　　明月窺玉牖，月移花影移。

　　　　寒蟬鳴翠竹，孤雁有餘悲。

　　　　獨坐生寂寞，閒步臨清池。

　　　　池蓮花半笑，帶露愈嬌姿。

　　　　夜深欲就寢，難與景暫辭。〔註11〕

此詩寫月光撒窗照花，花影隨月移；夜深無聲，竹上的寒蟬與孤雁的聲音顯得更加淒涼悲戚。景物、氣氛已然凝重，但更令人鬱悶的是，詩中的主角只有一人「獨坐」，景孤人孤，寂寞的情緒全然奔瀉，卻也只能百般無奈的在池畔閒晃。四聯筆鋒一轉，縱使景淒人寂，但還有池內的蓮花彷彿帶笑相伴，在沾上了夜露後，更顯姿態嬌媚；夜深本就是該就寢的時刻，也因爲池蓮而不捨離去了。

　　此詩透過聲音，表現出主角心中幽深的落寞情愫，孤獨一人，唯有窗外夜景和池蓮相伴，景孤使人更孤，即使可賞池蓮的嬌姿，也只是難寐的藉口，若非寂寞，又怎會深夜未寢？於是，末聯便與三聯呼應，不寐於景難辭乃是因爲獨自看景的寂寞。含蓄的情感卻隱藏深深的孤寂感。

　　除了無友相伴的因素以外，〈容軒宿雨初晴晚景〉一詩中也透露出鄭經另一個易感孤寂的原因：

　　　　寄臥南窗下，雨晴雲暮開。

　　　　紅霞映翠竹，玉露濕青苔。

　　　　蝶舞穿花徑，鶴鳴遠月臺。

　　　　閒居生寂寞，聊酌兩三杯。〔註12〕

在無政事干擾，休養生息的安定環境下，產生孤、獨、寂寞心情原因，除了本身身份地位的不便，還有「閒居」無事可爲的因素在。但閒居時寂寞化爲詩詞時，便不再令人悲悽的感覺，反倒是悠閒自在。因此，在此詩中，處處可見如「紅霞」、「翠竹」、「青苔」等豐富的色彩堆疊，以及舞蝶、鳴鶴等表現處處生機的活力，在寂寞孤獨的生活裡，依然可以怡然自處。

〔註11〕見《東壁樓集》卷一。
〔註12〕見《東壁樓集》卷三。

　　鄭經《東壁樓集》中掌權的身份加上狹隘的交友圈，產生高處不勝寒的心情，孤、獨等字眼重複出現，直是其心境的寫照。通常鄭經表達寂寞卻也豁達的態度，以及隨遇而安的灑脫心境。因此，在《東壁樓集》中出現大量的孤、獨、寂寞等字眼，表面上看似低潮，但在孤清的時刻，反而有時絕處逢生，成爲鄭經處事的態度和面對問題低潮時的人生觀。因此，「孤」、「獨」、「寂寞」和「閒」之間，就形成了另一種關連。試看〈村夜得眺字〉一詩：

　　　　晚天景色入清眺，歸岫白雲自高妙。
　　　　孤村日落暮煙中，悲聲四野寒虫弔。
　　　　家家燈火映江微，皎皎清輝依海嶠。
　　　　砧聲何處徹宵催，素手月明搗影照。
　　　　嶺外懸崖猿夜啼，橫江孤鶴獨自叫。
　　　　四野無人空寂寂，閒行覽景任長嘯。〔註13〕

此詩寫作者在一片慘淡的景物中，表現出灑脫的閒適心情。首聯寫明整體環境景色並且點出時間，雖然天色向晚，但仍透露出清新氣氛。次聯寫孤村日暮的落寞景色以及四野蟲鳴，隨著景色，令人亦聞之悲苦。三聯由聲轉人，夜幕低垂，家家戶戶點亮了燈，地上人家的燈花在江中照映，天上月亮皎亮如日，天地互相輝映，卻形成一派寧靜。四聯再由人轉聲，砧聲不停，似乎可搗碎人心，加上五聯中聽來淒清的鶴鳴和猿啼，寂寞的景色，聲音重複出現，憂愁氣氛乃更加濃重，但最末句卻將本來該是沉重的情調全部推翻，即使景聲俱悲，但詩人仍是超然自在，不掛心頭，又何妨灑脫的覽景且長嘯呢？全詩十二句中僅有一句寫閒，其餘十一句皆寫悲景，驟轉的語氣看得出詩人欲極力超脫的心情，但是卻反倒分泌出一絲無可奈何的情緒。這樣矛盾的情感，使全詩層次更顯豐富。

　　而〈夜〉一詩：

　　　　夜天高無雲，四郊如日曒。
　　　　風清帶微涼，月出東方窈。
　　　　閒步山坡上，極目任遠眺。
　　　　蜃氣憑海起，水煙天際遠。
　　　　群星列燦爛，孤月獨皎皎。

〔註13〕見《東壁樓集》卷二。

　　　一輪中空懸，遍照乾坤表。〔註14〕

寫夜間閒步山坡上，望向海邊的情景。一、二兩聯寫夜色，萬里無雲的天際，空曠的原野彷彿如被日光照射般明亮，清風微涼，月亮自東遍照大地；以此四句將四周出營造一片光明。三、四聯從客觀景物的描寫，轉入主觀的視角：三聯寫在四望無際的山坡上閒行徐步，因為萬里無雲的晴朗天氣，加上高處無遮蔽的視野、皎潔的月光，使得海上昇騰的水氣更加清晰可見；水氣如煙般繚繞上天，跟著飄繞的水煙抬頭上望，天空中群星閃耀，雖然光輝燦爛，但最明亮的仍然是如日曬的月光。末以一輪皓月懸掛空中，天地均浸沐在月光照映之下作結。

　　在探析此詩時，不妨試將孤獨但卻明亮的月光做為作者自身的投射，縱然鄭經在東寧時，大權在握，文臣武將環侍，但是孤獨的心情卻無人瞭解，只有一人在夜晚獨自欣賞月光、自我感嘆。在這首詩中，「閒」與「孤」的使用有著相互補強的作用，「閒行」上山望月後產生的竟不是安適賞玩的愉悅，而是投射出自我孤獨、孤芳自賞的情感；雖然寂寞，但卻高潔明亮。

　　又如〈清懷尋寂寞〉：

　　　深情巖谷趣，野景羅心胸。

　　　靜聽澗中水，閒觀石上松。

　　　尋幽遠藥徑，寄傲入雲峰。

　　　所適惟隨意，往來無定蹤。〔註15〕

對於寂寞的心情以野景自遣，沒有落入悲傷的怨嘆，反倒是曠達的觀照。因此前人評點稱：「亦自不俗。」〔註16〕。

　　而〈獨飲〉一詩：

　　　月下閒行惟月伴，花間獨酌有花親。

　　　碧空雲漢明無際，綠海煙波靜絕塵。

　　　草照餘光入瑞露，風飄賸馥和清醇。

　　　幽香靄靄如憐我，孤魄依依若可人。

　　　醉舞狂歌頻潦倒，良宵美景任馳神。

在美景中自得其樂，背面卻隱含著孤獨悽涼，感受到鄭經心中迷惑茫然，卻

〔註14〕見《東壁樓集》卷一。

〔註15〕見《東壁樓集》卷三。

〔註16〕見《東壁樓集》卷三。

又及時行樂的矛盾心情。

　　在《東壁樓集》中出現大量的孤、獨、寂寞等字眼，表面上看似低潮，但卻表達鄭經雖寂寞卻也豁達的態度，以及隨遇而安的灑脫心境，有時反而絕處逢生。透過詩作，讀者可以更瞭解鄭經處事的態度，和面對問題低潮時的人生哲學。

四、閨怨的寄託

　　明永曆十五年（1659）正月，南明永曆帝朱由榔逃奔雲南。二月，吳三桂軍與清軍攻克雲南城（今昆明），桂王逃亡緬甸。永曆十六年（1662），吳三桂絞殺桂王朱由榔於在雲南，明朝皇室已覆。明永曆十八年（1664），明永曆帝被弒的消息傳到臺灣，即便明永曆帝已死，鄭經仍堅持奉明正朔，以永曆年號紀年，一生以明朝遺臣自居，他「在位凡十九年，猶奉永曆正朔，佩招討大將軍印，稱世子」〔註 17〕，儘管明朝覆亡，鄭經揮軍建都東寧，積極從事各種建設，雖已成實質共主，但對外仍以臣民身分自居。

　　在退守東寧十年間所做的《東壁樓集》，若對照〈自序〉中「無非西方美人之思」之語，可發現其中不少閨怨作品，以女性第一人稱的細膩口吻發為詩歌，或可視為鄭經對於明朝皇室懷戀期盼心情的寄託與表白，鄭經用婦女的閨怨來借代為對家國的思念，更顯出其孤獨的豪情，因此極具意涵和弦外之音。如〈秋閨月得暮字〉：

　　　秋天淒日暮，東方懸玉兔。
　　　明月侵簾帷，獨照孤人步。
　　　淅淅秋風生，起我思君愫。
　　　妾伴閨中月，君倚塞上露。
　　　無限長相思，將欲其誰訴。
　　　千里寄情言，難鑿雙尺素。
　　　寂寞怨夜長，空把更籌數。〔註 18〕

此詩表達閨中婦女月下思君的婉轉情思，首聯描寫時間推移，從日暮時分到明月高懸，月影照出形單影隻的孤獨人影；秋風驟起，寒涼的空氣觸發詩中

〔註 17〕見川口長孺：《臺灣割據志》，（收錄於臺灣銀行經濟研究室編：《臺灣文獻史料叢刊》第六輯，臺灣：大通書局，民國 47 年），頁 77。
〔註 18〕見《東壁樓集》卷一。

婦女了獨守空閨的情愫，以及相隔兩地的孤苦心情、無處訴說的苦澀。然而，只能怪夜太長，讓孤獨寂寞的情緒在夜晚纏繞不休。

　　而〈閨思〉一詩：

　　　閨中遙相思，寂寞倚玉樹。
　　　憶昔當年時，幸喜獲良遇。
　　　共枕席未溫，又欲裝行具。
　　　別君意難留，淚落如春雨。
　　　揮馬從軍去，昂昂登前路。
　　　妾歸空房裏，苦情竟莫訴。
　　　念軍在邊庭，朝夕其誰顧。
　　　身役王家事，敢思不敢怒。
　　　望君榮歸里，騎從如雲護。
　　　須念糟糠妻，莫負更新娶。〔註19〕

此詩中藉由回憶初遇時光，與分離的依依不捨相對比，襯托出分隔二地的苦情思念。詩中又擔心良人行軍異地，但對丈夫投身軍旅卻是「身役王家事」，更希望丈夫能凱旋、平安歸來，但末聯「須念糟糠妻，莫負更新娶」卻又寫出了主角擔憂良人別移情別戀，成為複雜的情緒、矛盾心情。

　　而〈閨苑〉一詩：

　　　無語坐閨幃，風雨飛玉砌。
　　　忽憶當年時，皓齒朱唇麗。
　　　隨君月下遊，指天同立誓。
　　　白頭願相從，到老無分儷。
　　　豈期男子心，一朝盡乖戾。
　　　忘卻月下言，更與新人締。
　　　愛彼婉柔貌，喜彼性情慧。
　　　日日同坐起，攜手又牽袂。
　　　棄妾終不顧，視我如路泥。
　　　苦情其誰憐，卻將琵琶掖。
　　　欲彈改憂衷，不覺垂淚涕。
　　　惟望秋風吹，聲飄到君際。

〔註19〕見《東壁樓集》卷一。

傳言哀怨情，須念共並蒂。

休效漢相如，使我白頭題。〔註20〕

此詩描寫一位棄婦心中的愁苦和哀怨。「無語」、「獨坐」兩個動作性，回想當年鶼鰈情深，到如今丈夫移情別戀，琵琶他抱，心聲惻惻，哀婉動人。詩中這名女子雖然被丈夫拋棄，對丈夫的無情無義感到痛心，但仍希望丈夫能浪子回頭，回心轉意；並以卓文君作〈白頭吟〉之典，細膩描繪出女子愁腸百結、怨而不懟的心情，刻畫出棄婦深情哀怨、堅強也悲苦的形象。

而〈覽鏡〉一詩：

閨女開鸞鏡，臨粧皺雙眉。

蒼髮今將白，君歸未可期。

明月時相照，秋風肅冰肌。

紅顏雖能改，舊情猶可思。〔註21〕

本詩從閨中婦女的覽鏡梳妝寫起，用細微的筆觸刻畫動作，寫出女子照鏡時的憂愁和情思，擔憂自己年老色衰，擔心丈夫移情別戀，詩中充滿委曲婉轉的濃厚閨情。若以鄭經當時所處的時空背景對照，末聯「紅顏雖能改，舊情猶可思」，或可說是鄭經對於恢復西方故土堅定信念，縱使時光推移，但是對於復國的心情，卻不會改變。

中國古典文學中，常以閨情托臣心為寫作手法，在鄭經的閨怨詩中，我們不妨也用這種情結來檢視其創作動機，理解鄭經身在東寧，仍心懷中土故國。透過閨怨詩的創作，他自比為閨中婦女等待良人，這個「良人」，可能是再起的機會，可能是東南一帶的可能抗清三藩，或是平南王吳三桂，也可能已歿的桂王，不論是什麼，都可以歸結是對於西邊明代江山的思念，所以，這樣的手法讓詩意含蓄卻有餘味。或許詩作本身了無新意，但是在一個身份如此特殊且時代背景動盪的詩人身上，一是能夠再次印證萬古不變的文人心態。二是讓詩作更與其身世遭遇相互輝映，成為補史之證，至於作品優劣高下，也就不太重要了。

五、沉潛的待起

鄭經將在臺十年詩作《東壁樓集》付梓刊行，目的是「以明己志」，所以詩作中不難看出兼有宣傳、鼓舞的用意。透過《東壁樓集》，鄭經對國家的想

〔註20〕見《東壁樓集》卷一。

〔註21〕見《東壁樓集》卷一。

望，表現在整戈待旦的復國志氣，以及懷想故國的心情。

　　鄭經身爲東寧一地的掌權者，萬人之上的寂寞孤獨感常出現在詩中，雖然此類詩作主軸爲描寫待起的雄心壯志，但在鄭經如此豪情的背後，仍隱藏著戰士通往勝利前的寂寞和沉潛時的孤獨，例如〈駐師澎島除夜作得江字〉：

　　　　舳艫連遠漢，旗旆蔽長江。
　　　　帆影掛山路，波聲度石矼。
　　　　人家點遠浦，蕪草隱孤艭。
　　　　旗動亂雲色，鼓鳴雜水淙。
　　　　淒淒寒夜火，寂寂客船窗。
　　　　漏盡更新令，春暉照萬邦。〔註22〕

描寫江畔舳艫千里準備出征的戰船，在深夜時分，萬籟俱寂時，夜火、漏更聲堆疊出淒冷的氣氛，雖是悲涼的意象，卻末句卻充滿壯志的積極作爲，一定要使明室的春暉照耀中土大地。又如〈偶吟再續〉：

　　　　眾星待月明，明月自孤行。
　　　　猶似一人出，掃除天下平。〔註23〕

以孤獨的明月自比，而眾星待月出，可以掃靖國仇家恨，天下太平。

　　而〈不寐〉：

　　　　寂寞常不寐，中夜獨長籲。
　　　　腥氛滿天地，中原盡狼胡。
　　　　政令出群小，誅戮皆無辜。
　　　　萬姓遭狼毒，誰能振臂呼。
　　　　聞風常起舞，對月問錕鋙。
　　　　聽潮思擊楫，夜雪憶平吳。
　　　　遵養待時動，組練十萬夫。〔註24〕

此詩中強烈的傳達出剛健不息的復國情志，描寫鄭經爲了復國大業，經常夜夜失眠規劃積極練兵、勵精圖治的戰略，並且自我期許能夠振臂一呼，解救中土百姓於胡氛中，於是他「遵養待時動，組練十萬夫」，待時而動，希望能夠一舉復國！

〔註22〕見《東壁樓集》卷五。
〔註23〕見《東壁樓集》卷七。
〔註24〕見《東壁樓集》卷一。

六、結　論

　　鄭經自幼生長於動亂時局中，內憂外患的煎熬下，身為鄭成功長子，逼得他繼承了父親衣缽，四處征戰。自弱冠從軍直至退守東寧，十年後再西征失利，在他短短三十九年生命中，有近半數的時間都在戰爭戎馬中度過。

　　東寧十年，佔去鄭經生命的四分之一的時光，而東寧一地，即成為鄭經韜光養晦空間。在濃重的遺民氛圍下，鄭經透過《東壁樓集》讓世人瞭解，他也可以表現出或脆弱、或無助、或豁達、或灑脫的生命態度。以文學的表現而言，從《東壁樓集》中寂寞孤寂的意象，可知鄭經用孤獨的意象寫出他身體漂流的經驗，寫出閒適生活的豁達，用閨怨表達對故國的思念，也寫雄心壯志的待起。或許在史家春秋筆法批評下的鄭經，於歷史洪流中並不突出，但其《東壁樓集》收錄鄭經作品約四百八十首，數量居明鄭時期詩人之冠，其內容豐富，情感真摯，反映當時遺民詩風、隱逸思想，藝術價值不亞於同期詩人。因此，不妨透過《東壁樓集》以不同的視角重新瞭解鄭經，由文學作品中表現的孤獨重新認識鄭經，給予鄭經在臺灣文學甚或南明史上新的座標。

七、參考書目

（一）專　書

1. 明‧潛苑主人：《東壁樓集》，泉州刊本，明永曆 28 年，（清康熙 13 年，1674）。

2. 清‧江日昇：《臺灣外誌》，濟南：齊魯書社，2004 年 5 月。

3. 施懿琳：《從沈光文到賴和──台灣古典文學的發展與特色》，高雄：春暉出版社。2006 年 6 月。

4. 施懿琳等編：《全臺詩》，臺南：國家臺灣文學館，2004 年 2 月。

5. 張炎：《鄭經鄭克塽紀事》，臺灣研究叢刊第八十六種，臺北：臺灣銀行經濟研究室，1966 年 6 月。

6. 楊友庭：《明鄭四世興衰史》，江西：江西人民出版社，1991 年 5 月。

（二）期刊論文

1. 朱鴻林：〈鄭經的詩集和詩歌〉，《明史研究》第 4 集，1994 年 12 月，頁 212～230。

2. 江林信：〈天光、雲影共徘徊──論鄭經《東壁樓集》寫景詩中的光影書寫〉，《第三屆全國台灣文學研究生學術論文研討會論文集》，2006 年 7 月。

3. 李瑄：〈清初五十年間明遺民群體之嬗變〉，《漢學研究》，第 23 卷第 1 期，

民 94 年 6 月。

4. 沈雲龍:〈明珠與鄭經往來函扎〉,《紙業知識》,44 卷 7 期,1955 年 7 月。

5. 林慶揚:〈論鄭經《東壁樓集》的慕隱詩境〉,臺灣人文研究的新境界全國碩博士研究生論文發表會,2006 年 12 月。

6. 林麗月:〈故國衣冠:鼎革易服與明清之際的移民心態〉,《臺灣師大歷史學報》,第 30 期,民國 91 年 6 月。

7. 金成前:〈鄭經與明鄭〉,《臺灣文獻》,23 卷 3 期,1792 年 9 月。

8. 施懿琳:〈台灣古典詩的蒐集與整理〉,《文訊雜誌》,2001 年 6 月。

9. 曹永和:〈鄭氏時代之臺灣墾殖〉,《臺灣銀行》,第 6 卷第 1 期,1953 年 9 月。

10. 莊萬壽:〈台灣海洋文化之初探〉,《中國學術年刊》,第 18 期,民國 86 年 3 月。

11. 陳佳宏:〈鄭氏王朝之政治外交試析〉,《台南文化》,第 58 期,民國 94 年 3 月,頁 1～17。

12. 陳佳凌:〈鄭經《東壁樓集》研究〉,中山大學中文所碩士論文,2009 年 1 月。

13. 陳昭瑛:〈明鄭時期台灣文學的民族性〉,《中外文學》,第 22 卷第 4 期,1993 年 9 月。

14. 陳昭瑛:〈明鄭時期臺灣的中國傳統文化〉,《哲學雜誌》,第 25 期,1998 年 8 月。

15. 陳圓融:〈鄭氏王朝之教育〉,《台南文化》,第 58 期,民國 94 年 3 月,頁 18～39。

16. 黃典權:〈明鄭時代的台灣文學〉,《新文藝》,90 期,1963 年 9 月。

17. 廖一瑾:〈東寧月色——從鄭經《東壁樓集》中的月亮描述看明鄭台灣遺民儒學〉,《1644 與 1985 學術研討會論文集》,2005 年 9 月。

18. 廖彥博:〈遺民與移民,明鄭時期臺灣文化史〉,《經典雜誌》,2006 年 2 月。

19. 劉少才:〈鄭成功之子——鄭經在台灣的遺迹〉,《蘭台世界》,第 39 期,2002 年 4 月。

20. 鄭喜夫:〈明代之臺灣〉,《自由青年》,44 卷 5 期,1970 年 11 月。

21. 龔顯宗:〈初論《東壁樓集》〉,《第七屆清代學術研討會論文集》,2002 年 3 月。

22. 龔顯宗:〈論鄭經在台灣文學史上的地位〉,《臺灣與遺民儒學:1644 與 1895 學術研討會論文集》,2005 年 9 月。

（本篇由蘇州大學董乃斌教授講評）